12-18

TRES POETAS A LA LUZ DE LA METÁFORA: SALINAS, ALEIXANDRE Y GUILLÉN

BIBLIOTECA ROMÁNICA HISPÁNICA

DIRIGIDA POR DÁMASO ALONSO

II. ESTUDIOS Y ENSAYOS, 222

VICENTE CABRERA

TRES POETAS A LA LUZ DE LA METÁFORA: SALINAS, ALEIXANDRE Y GUILLÉN

BIBLIOTECA ROMÁNICA HISPÁNICA
EDITORIAL GREDOS
MADRID

© VICENTE CABRERA, 1975.

EDITORIAL GREDOS, S. A.

Sánchez Pacheco, 81, Madrid. España.

Depósito Legal: M. 6299-1975.

ISBN 84-249-0607-1. Rústica.
ISBN 84-249-0608-X. Tela.

Gráficas Cóndor, S. A., Sánchez Pacheco, 81, Madrid, 1975. — 4258.

A mis padres

AGRADECIMIENTOS

Quiero aquí expresar mi deuda de gratitud hacia Harold Boudreau, mi maestro inolvidable, quien me expuso, por primera vez, ante el maravilloso mundo de estos tres poetas; su certero método interpretativo y su elevada sensibilidad estética hicieron que yo sintiera de verdad la profundidad humana y la belleza de este gran mundo poético. También le debo a él mis gracias por sus valiosos consejos y observaciones en la preparación de este trabajo. Dirijo asimismo mis agradecimientos a Pedro Barreda y Edward Phinney por la lectura del manuscrito; a don William Choper y doña Rose Brodsky Choper por su animosa solidaridad en mis empresas; y a mi esposa, Adrienne, por su amoroso entusiasmo y eficientísima labor mecanográfica.

NOTA PRELIMINAR

Para conocer a un poeta es preciso comprender sus metáforas, desentrañar la fuerza y la riqueza de su palabra, lo que equivale a decir, de su ser mismo hecho verbo. Tales son la convicción y el anhelo que definen la naturaleza de este estudio, estudio sobre tres de los más grandes poetas de este siglo y de toda la lírica española: Pedro Salinas, Vicente Aleixandre y Jorge Guillén. Las obras específicas sobre las cuales este análisis de la expresión se basa son seis: *La voz a ti debida* (1933), *Razón de amor* (1936) y *Largo lamento* (1936-1939) de Salinas; *La destrucción o el amor* (1932-1933) y *Sombra del paraíso* (1939-1943) de Aleixandre; y *Cántico* (1928-1950) de Guillén. Si bien son estas obras el centro del análisis, habrá casos en los que sea necesario acudir a poemas de otras obras anteriores y posteriores a aquéllas con el fin tanto de reforzar como de contrastar ciertos aspectos. Además, la naturaleza del capítulo segundo exigirá una selección varia de poemas provenientes de otros libros distintos de los arriba mencionados. Se preguntará, ¿por qué tales autores? y ¿por qué tales obras? Porque principalmente estos tres poetas, absolutamente originales, ofrecen con tales obras afinidades técnicas y temáticas; hecho este que reafirma la existencia de un grupo poético que ha determinado el carácter del arte de toda una época. La naturaleza formal y temática de estas obras las distingue —aunque, para muchos, complementariamente— de las que constituyen la segunda o última época de sus autores, época en la que lo social e histórico domina y, en muchos casos, con notorio detrimento de su arte respectivo.

El procedimiento de este estudio es el siguiente: se analizan los modos más importantes de desarrollo metafórico en cada poeta, acentuando los efectos conseguidos por cada uno de ellos en su poesía respectiva y en cada poema en particular. Para tal análisis se utilizan uno o varios poemas. Antes de formular conclusión alguna sobre cada aspecto técnico se lleva a cabo un análisis del poema, parte por parte, y no sólo de un verso, palabra o estrofa, como ha sido la práctica de la crítica. Así se procura evitar generalizaciones superficiales y vaguedades que le dejan al lector sin una mínima solución del poema en cuanto tal. La meta aquí es comprender al máximo el poema, ese mundo misterioso que puede revelarse tan sólo con el más completo análisis posible de cada uno de sus componentes. Hay modos de desarrollo que ya han sido estudiados, principalmente en la poesía de Aleixandre, por Carlos Bousoño; este crítico, sin embargo, no presta atención al poema en su totalidad, sino a una mínima parte del mismo. Aquí se hace lo contrario: primero se realiza el análisis del poema en sí; luego, con tal análisis, se procede a la explicación del fenómeno técnico respectivo y sus efectos individuales. A esta necesidad analítica se debe el haber transcrito y numerado todos los versos del poema, a no ser que su magna extensión haya imposibilitado tal transcripción; en tal caso, el análisis se realiza sin dicha transcripción pero con la numeración del original.

Este estudio se divide en seis partes. La primera contiene una revisión sintética de la naturaleza de la metáfora y sus efectos. La segunda parte se preocupa de la poética, de lo que los tres autores han tenido que decir sobre la poesía, el poema y la metáfora, tanto en general como en su propia obra y en la de otros. Se ha procurado desentrañar tales puntos de vista y opiniones, sobre todo, de su propia poesía. Las tres partes siguientes interpretan los varios modos de desarrollo metafórico en las obras mencionadas, primero, de Salinas; luego, de Aleixandre, y por fin, de Guillén. Entre los modos principales de expresión, se estudian la singularidad, la pluralidad, el dinamismo, la revitalización y la metaforización metafóricos. Si bien éstos son modos comunes, son modos que producen efectos especiales en cada caso. Otros aspectos que, por la naturaleza de cada poesía, demandan especial consideración son aquéllos como la estética de lo geométrico y lo mecánico en Salinas y en Guillén, y la palabra que dice y sugiere, también en este último autor. La sexta parte contiene una visión de conjunto que establece las semejanzas y diferencias entre los varios modos de desarrollo metafórico en los tres poetas, junto con sus respectivas visiones del mundo. Se incluye al final un índice de los poemas que aquí se estudian; así podrá encontrar el lector fácilmente el comentario o comentarios sobre el poema individual que le interese.

CAPÍTULO I

LA METÁFORA

Aristóteles, en su *Poética* y *Retórica*, presenta una definición y explicación, no muy detallada, de metáfora. Metáfora para Aristóteles «es la traslación de un nombre ajeno, o desde el género a la especie, o desde la especie al género, o desde una especie a otra especie, o según la analogía» [1]. Aunque esta definición contiene otras de ciertas formas retóricas secundarias —sinécdoque y metonimia específicamente—, es sin embargo útil por contener los elementos constitutivos de lo que generalmente se entiende por metáfora. Básicamente dice Aristóteles que la metáfora consiste en la referencia a una cosa en términos de otra distinta sobre una base de analogía.

Se necesita aclarar aquí este término «analogía». Tradicionalmente la metáfora establecía una semejanza física u objetiva entre los dos elementos comparados. Hoy en día el creador establece metafóricamente una semejanza emocional. Amado Alonso en 1940, estudiando la forma de la poesía

---

[1] Aristóteles, *Poética*, edición trilingüe (greco-latino-española) por Valentín García Yebra, Madrid, Gredos, 1974, 1457b 7-9.

de Pablo Neruda, dice que las comparaciones imaginarias ilustran no un modo físicamente determinado, sino uno exclusivamente sentimental, y, continúa para recalcar, que la comparación en la creación poética no supone un modo de relación física entre los elementos comparados, sino uno de «sentido emocional» [2]. Un ejemplo ilustraría todo lo que aquí se ha dicho. El primer poema que constituye parte de *La voz a ti debida* de Pedro Salinas es el siguiente:

> Tú vives siempre en tus actos.
> Con la punta de tus dedos
> pulsas el mundo, le arrancas
> auroras, triunfos, colores,
> alegrías: es tu música.
> La vida es lo que tú tocas [3].

En este poema crea y elabora Salinas la relación entre el mundo o la vida y un instrumento musical de cuerdas: una guitarra por ejemplo, de la cual la amada pulsándola arranca «auroras, triunfos, colores, / alegrías». Notas que en conjunto conforman una bella armonía sinestésica. La referencia al mundo o la vida se ha hecho en términos de otra cosa completamente distinta, una guitarra o cualquier otro instrumento musical de cuerdas. Los términos usados por el poeta para la referencia antedicha son cuatro: pulsas, arrancas, música y tocas. En lenguaje corriente estos términos se refieren a la guitarra. Pero los mismos han sido metaforizados al referirse al «mundo» y aún más al referirse

---

[2] Amado Alonso, *Poesía y estilo de Pablo Neruda: Interpretación de una poesía hermética*, Buenos Aires, Losada, 1940, pág. 151. Véase una posterior explicación más desarrollada en Carlos Bousoño, *Teoría de la expresión poética*, I, 5.ª ed., Madrid, Gredos, 1970, capítulo VIII.

[3] Pedro Salinas, *Poesías Completas*, Barcelona, Barral Editores, 1971.

a la abstracción contenida en la palabra «vida». Salinas no quiere física u objetivamente establecer semejanzas entre la guitarra u otro instrumento musical de cuerdas y el mundo; ni el lector pensará jamás encontrarlas entre la redondez de éste y la forma irregular de aquélla, porque de pretenderlo incurriría en una interpretación disparatada. La semejanza, establecida por Salinas, como diría Amado Alonso, es «emocional» o «sentimental».

Los dos objetos o conceptos de una metáfora son, de acuerdo con la definición y ejemplo anteriores, dos. Dámaso Alonso los llama: «plano real y plano irreal»[4], que en el poema de Salinas corresponden a la guitarra y al mundo o la vida, respectivamente. Para que una metáfora sea efectiva es necesario que la implícita comparación o relación de las cosas o conceptos —como en el caso del poema de Salinas— sea fresca, sorprendente y novedosa[5]. La frescura, sorpresa y novedad dependen en parte del suficiente grado de tensión entre las dos cosas comparadas. La tensión depende a su vez de la diferente naturaleza de las dos cosas puestas en relación. Richards dice al respecto: «Cuanto mayor sea el grado de disimilitud entre los dos componentes metafóricos, mayor ha de ser el grado de tensión poética»[6]. A lo mismo se refiere Wheelwright cuando dice que se ha de sentir una tensa vibración poética únicamente donde se haya realizado una hábil selección de componentes metafóricos disímiles. El impacto provendrá, así, no sólo de la comparación misma

---

[4] Dámaso Alonso, *Góngora y el Polifemo*, I, 5.ª ed., Madrid, Gredos, 1967, pág. 166. I. A. Richards, en *The Philosophy of Rhetoric*, New York, Oxford University Press, 1965, pág. 96, los llama: *tenor* y *vehicle*. En este estudio se utiliza la terminología de Dámaso Alonso.

[5] Owen Thomas, *Metaphor and Related Subjects*, New York, Random House, 1969, pág. 61.

[6] Richards, pág. 125. La traducción es mía.

sino también de su reconocimiento [7]. Si la relación no es novedosa, original, su efecto será el mismo que produce un
cliché, una metáfora agónica y muerta: enojo y reproche
del lector contra, si se quiere, el mal gusto del autor [8].

Este efecto se ha de experimentar en los siguientes versos
de Espronceda:

> Despierta, hermosa señora,
> Señora del alma mía:
> Den luz a la noche umbría
> Tus ojos que soles son [9].

La enojosa metáfora muerta o cliché es la que proviene de
la trillada relación entre los ojos femeninos y el sol (dos
soles). La carencia de toda substancia poética en estos versos se remata intensificándose con el cliché de la última
línea. Pero la misma metáfora va a ser revitalizada por
Salinas cuando con gran poder expresivo, en el segundo poema de su *La voz a ti debida*, dice:

> De tus ojos, sólo de ellos,
> sale la luz que te guía
> los pasos. Andas
> por lo que ves. Nada más.

La amada en la poesía amorosa de este autor es la esencia
del amor. Esta es a su vez la esencia de luz que ha de sacar
al amante de la sombra. Lo que se establece en los cuatro
versos anteriores es el hecho de que la amada es la luz misma. Esa luz sale por sus ojos para guiar sus pasos. La auto

---

[7] Philip Wheelwright, *Metaphor & Reality*, Bloomington, Indiana
University Press, 1962, pág. 74. La traducción es mía.

[8] Thomas, pág. 62.

[9] Espronceda, *Obras Poéticas*, I, 2.ª ed., Madrid, Espasa-Calpe
1933, pág. 170.

suficiencia absoluta, esencial, de la amada se define en el
«Andas / por lo que ves. Nada más». Este poema se relaciona temática y metafóricamente con «Estabas, pero no se
te veía» de *Razón de amor*, obra que con *La voz a ti debida*
y *Largo lamento* constituye una unidad poética. La parte
pertinente a la revitalización de la metáfora muerta en el
poema referido de *Razón de amor*, es la siguiente:

> Estabas, pero no se te veía
> aquí en ia luz terrestre, en nuestra luz
> de todos.
> Tu realidad vivía entre nosotros
> 5   indiscernible y cierta
> como la flor, el monte, el mar,
> cuando a la noche
> son un puro sentir, casi invisible.
> El mediodía terrenal,
> 10   esa luz suficiente
> para leer los destinos y los números
> nunca pudo explicarte.
> Tan sólo desde ti venir podía
> tu aclaración total. Te iban buscando
> 15   por tardes grises, por mañanas claras,
> por luz de luna o sol, sin encontrar.
> Es
> que a ti sólo se llega por tu luz.
> Y así cuando te ardiste en otra vida,
> 20   en ese llamear tu luz nació,
> la cegadora luz que te rodea
> cuando mis ojos son los que te miran
> —esa que tú me diste para verte
> para saber quién éramos tú y yo:
> 25   la luz de dos.
> De dos, porque mis ojos son los únicos
> que saben ver con ella,
> porque
> con ella sólo pueden verte a ti.

La metáfora es la misma: los ojos son soles. Pero a diferencia del caso del penúltimo poema los ojos aquí son los del amante (versos 22, 24-29). Los ojos de él, al ser amado por ella, adquieren el mismo poder que tienen los de ésta. Ella le dio a él, al amarle, la luz que antes como sombra que era no la tenía. Sólo con esta luz de la amada —no con la del sol ni la de la luna— puede él llegar a ella, explicarla (versos 9-14, 17-18). Al decir Salinas que la amada —luz— ardió en otra vida (verso 19), es decir, cuando amó al amante, está usando la palabra arder con un doble sentido: arde el amor y arde la luz. Se podrían prolongar los ejemplos de revitalización metafórica en la poesía de este autor. Véase por ejemplo cómo en el poema «¡Ay, cuántas cosas perdidas» quiere el poeta sujetar las nubes en el cielo «clavándolas con miradas». Este verso en el contexto del poema ha refrescado o, mejor, revivido la expresión común «clavar los ojos». Aleixandre manipula la misma metáfora de los ojos de luz. En «Arcángel de las tinieblas», la vida del amante se halla amenazada por los ojos de la amada, ojos que están prontos a fulminarla a la vida.

> Me miras con tus ojos azules,
> nacido del abismo.
> Me miras bajo tu crespa cabellera nocturna,
> helado cielo fulgurante que adoro.
> Bajo tu frente nívea
> dos arcos duros amenazan mi vida.
> No me fulmines, cede, oh, cede amante y canta [10].

Nowottny dice que una de las ventajas de la que se beneficia el poeta al usar la metáfora es poder conseguir efectos muy

---

[10] Vicente Aleixandre, *Obras Completas*, Madrid, Aguilar, 1966.

especiales con la manipulación e interrelación de metáforas agónicas [11].

En la construcción metafórica aparece generalmente la forma *es* en contraposición a la forma *como* que corresponde al símil. Guillén en su poema «Por la hierba», parte de *Cántico*, dice:

> Se arroja el niño a la hierba,
>   Que es un mar,
> Y por lo fresco y lo blando
>   Nada ya.
>
> 5 (¿Hacia dónde tantas ondas
>   Bajo el sol?)
> —Dame el campo con el cielo,
>   Dámelos.
>
> ¡Cuánto mar por esa hierba,
> 10   Ah, ah, ah!
> ¡Para todos ahora mismo
>   Quiero más!
>
> —Dame el campo con el cielo,
>   Dámelos.
> 15 (¿Hacia dónde tantas ondas
>   Bajo el sol?)
>
> La hierba es un oleaje
>   De verdad.
> Entre las manos del niño
> 20   Pasa el mar [12].

Aquí, la hierba es el mar. A continuación aparecen algunos de los puntos de contacto de la relación: «fresco», «blando»,

---

[11] Winifred Nowottny, *The Language Poets Use*, London, The Athlone Press, 1962, pág. 70.

[12] Jorge Guillén, *Aire Nuestro: Cántico · Clamor · Homenaje*, Milano, All'insegna del pesce d'oro, 1968.

«oleaje». El hecho de que aparezcan dadas explícitamente estas tres palabras pertinentes tanto a la hierba como al mar, no impide que el lector pueda imaginarse otros puntos de contacto que el poeta connota a través de la metáfora; así se podría imaginar, por ejemplo, en el color verde, la extensión, etc. En el caso del símil la relación y, muchas veces, su porqué están dados por el autor, y la imaginación del lector ha de limitarse a ellos. Por ejemplo, si en el mismo poema Guillén hubiera dicho que la hierba es «fresca» y «blanda» como el mar, uno habría de aceptar la comparación dentro de los límites de lo «fresco» y «blando» pudiendo muy bien quedar fuera de la interpretación el color verde y la extensión. Se verá luego por qué el uso de la metáfora en este poema es más efectivo que si en él se hubiera usado el símil. Con estas observaciones no se quiere decir necesariamente que la metáfora es mejor que el símil, sino que aquélla produce un efecto superior por la amplitud significativa y ambigüedad resultantes [13]. El lector en este caso tiene que inferir si es posible todos los puntos de contacto que consigo lleva la metáfora. Mientras mayor sea el número de tales puntos inferidos de la metáfora, mayor será el resultado de su interpretación y comprensión. Brower piensa al respecto que el lector ha de sentir un deseo por comprender la total intuición comunicada por el poema. Pero cree acertadamente el mismo crítico que no se ha de poder asir dicha intuición sin una exploración total de las varias relaciones metafóricas a través de las cuales el poeta

---

[13] Desde luego también hay cierto grado de ambigüedad en el símil puesto que hay sólo algunos puntos de contacto, los que el autor quiso sugerir cuando usó tal forma, y si ellos no están explícitamente mencionados en la construcción poética, es el lector quien tiene que encontrarlos. Para un buen estudio comparativo del símil y la metáfora, véase Thomas, págs. 40-43.

ha logrado expresarla [14]. La diferenciación entre metáfora y símil tiene sus implicaciones también en la dificultad mayor que presenta la metáfora para su interpretación. En el caso de aquélla está el lector en una posición más activa que en el caso del símil. Aristóteles afirma que el símil priva al lector del placer intelectual y emocional, en una palabra estético, de deducir y juzgar por sí mismo los planos de analogía metafórica [15]. Para Aristóteles el placer más grande de todos es el poder descubrir las cosas y los enigmas por cuenta de uno. Lo dicho hasta aquí sobre el símil, puede ser parcialmente verdad tratándose de la poesía de Aleixandre. Con este poeta el símil se eleva a un inigualable plano de expresividad. Hasta el orden normal de los elementos del símil cambia en esta poesía. Por ejemplo, en vez de decir el poeta «labios como espadas» (realidad-imagen), alterará el orden de esta forma para titular uno de sus libros *Espadas como labios*, reforzando o mejor expresando así más exactamente la identificación entre amor y muerte [16].

Aparte de la forma *es* de la construcción de la metáfora, hay otras frecuentemente usadas. Stanford menciona las nueve formas que Friedrich Brinkmann analizó en 1878. Entre las más comunes son aquellas en que la metáfora está contenida en un verbo o en un adjetivo [17]. En el caso del poema de Salinas «Tú vives siempre en tus actos», la relación metafórica se establece con el verbo «pulsas». Así se ha evitado la forma poco poética «el mundo es una guita-

---

[14] Reuben Arthur Brower, *The Fields of Light: An Experiment in Critical Reading*, New York, Oxford University Press, 1951, pág. 42.

[15] Aristóteles, *Retórica*, III, 4, 1406b 20 sigs.; 10, 1410b 17 sigs., y 11, 1412b 32 sigs.

[16] Carlos Bousoño, *La poesía de Vicente Aleixandre*, 2.ª ed., Madrid, Gredos, 1968, págs. 244-245.

[17] W. Bedell Stanford, *Greek Metaphor: Studies in Theory and Practice*, Oxford, Basil Blackwell, 1936, pág. 93.

rra», para decir lo mismo, bellamente, «con la punta de tus dedos / pulsas el mundo».

Antes, se mencionó el carácter connotativo de la metáfora. Esta connotación es de la esencia del ver compacta y condensadamente una cosa a través de otra distinta. La connotación opera en un plano doble: en la metáfora en general, es decir en el poema y en cada palabra que lo conforma. Recuérdese que en un buen poema cada palabra tiene su función, todo es compacto, nada es superfluo. Considerando el primer poema de Salinas se puede probar lo dicho. Allí, se hace la comparación del mundo, de la vida, con una guitarra, es decir con un instrumento musical. Para sacar provecho de éste es preciso saber tocarlo muy bien. El único ser que sabe hacerlo es, para el poeta, la amada; así pues ella ha quedado con esto exaltada. Por otra parte la amada tiene a su disposición, en sus manos, el mundo. Al ser éste un mero instrumento la exaltación de la amada se define. Ella es la dueña y la única que puede manipularlo. El mundo para producir sus efectos, como la guitarra, depende de la habilidad excepcional de la amada. Si se toman en cuenta las palabras individualmente se ve que también opera la connotación. Salinas dice que la amada puede arrancar «auroras, triunfos, colores, / alegrías». La palabra «arrancar» tiene en sí y en su contexto general un valor poético inigualable. Son abstracciones las que son arrancadas por la amada. Por otra parte solamente ella puede «arrancar» con poderes sobrehumanos, de raíz, las cuatro abstracciones y, aún más, lo puede hacer con sólo «la punta de sus dedos». Este es otro modo pues de exaltación de la amada. El éxito poético alcanzado por Salinas con este verbo «arrancar» es único. Bécquer lo usó también en su poema «Del salón en el ángulo oscuro», pero su efecto es inferior al logrado por Salinas. Los versos de Bécquer son éstos:

> ¡Cuánta nota dormía en sus cuerdas,
> Como el pájaro duerme en las ramas,
> Esperando la mano de nieve
> Que sabe arrancarlas! [18].

No se sugiere que aquí «arrancar» no tenga efecto alguno; lo tiene si se asocia el verbo con «mano de nieve»: mano amada, pura y suave que puede arrancar notas de las cuerdas del arpa. Hay contraste al saber que aquí la «mano de nieve», suave, puede arrancar algo. Pero el efecto es superior en el poema analizado de Salinas: tanto como imagen individualmente considerada como también en el contexto general. Las cuatro abstracciones del poema de Salinas tienen a su vez connotaciones. El poeta las ha seleccionado, como notas especiales, para conformar una unidad total de regocijo, música que anima y llena de gracia el corazón humano: «auroras, triunfos, colores, alegrías». La amada con el mundo en sus manos produce sólo alegría, claridad. Con el mundo en sus manos no hay tristeza, no hay noche.

Muchas veces un poema en su primera lectura parece simple, intrascendente, tanto porque la metáfora no es tan complicada como porque el asunto externo parece o es trivial. Sin embargo, la metáfora —en manos de un buen poeta— siempre está preñada de significados y connotaciones. Los cuatro primeros versos del poema de Guillén sobre la hierba no ofrecen dificultad alguna. Pero si se consideran los cuatro finales, la complicación y la riqueza toman cuerpo. La comparación de la hierba con el mar es el medio de expresión de la preocupación del autor frente a la vida y la muerte. El mar, la hierba, es la vida que un día «fresca y blanda» se le va de las manos al niño, al hombre. Este se

---

[18] Gustavo Adolfo Bécquer, *Obras Completas*, 5.ª ed., Madrid, Aguilar, 1946, pág. 433.

arrojó al mar, hierba, vida, y después de nadarla, ésta se le escapa. Lo que ha sucedido técnicamente en este poema —aparentemente intrascendente, si se queda uno sólo en la comparación del mar con la hierba— es que la metáfora de la hierba (plano real) y el mar (plano irreal) crea otra metáfora en la que el mar pasa de plano irreal a ser plano real de la vida, muerte, que son el plano irreal de la nueva metáfora. ¿Cuál es la terminología de ésta? «Arroja», «nada», «pasa». Ellas equivalen a las ideas de llegar o lanzarse a la vida, vivirla y morir, respectivamente. La aparente trivialidad del poema expresada por la informalidad del verso y de ese «ah ah, ah» de niño (verso 10) contiene un tema trascendente artísticamente expresado por la doble metáfora. Este es el caso de una metaforización metafórica, término que será utilizado en este estudio como equivalente a lo que Wheelwright llama *enclosed epiphor* [19] y que Dámaso Alonso ya lo ha explicado en sus estudios sobre Luis de Góngora.

El autor, en general, en la composición de un poema tiene a su disposición varios elementos técnicos, pero el único y el más efectivo de todos para expresar sus ideas y experiencias es la metáfora. Ésta tiene el especial poder de concretizar toda abstracción, sintética y concisamente. La abstracción, gracias a la metáfora, es percibida por el lector intelectual y emocionalmente. O sea, la idea o la experiencia encarnada en la imagen constitutiva de la metáfora es asimilada a través de la inteligencia y los sentidos. El lector se imagina, ve, siente y comprende el significado, valor y alcance de la abstracción respectiva.

El poeta no puede usar un lenguaje directo, corriente, para expresar la idea o la experiencia tanto porque de hacerlo no sería poeta, como porque tal lenguaje es impotente,

---

[19] Wheelwright, pág. 75.

incapaz de asir aquéllas únicas, paradójicas y claras sólo para la mente poética del que las forja. La comprensión de aquéllas depende enteramente de la metáfora que las concretiza; mientras más efectiva y potente sea ésta más exacta será la expresión de la idea o experiencia y mejor la comprenderá y sentirá quien la lea[20]. La metáfora no es pues tan sólo un elemento en el embellecimiento del estilo. No es únicamente un componente ornamental, sino que es sobre todo la idea y experiencia mismas hechas imagen. Es decir la metáfora es el poeta. Para comprender a un poeta es esencial comprender sus metáforas. Al hacer mención a este carácter subjetivo de la metáfora en el sentido de que ésta es el poeta mismo, vale recordar lo que dijo Aristóteles de que la metáfora «es lo único que no se puede tomar de otro»[21], es algo que responde a una necesidad expresiva sentida por una intuición individual.

Para entrar en el estudio del carácter sintético y conciso de la metáfora es preciso considerar primero estas palabras de Ezra Pound. Éste dice que la imagen poética presenta en un instante de tiempo una complejidad intelectual y, a la vez, emocional. Concluye el mismo poeta, para recalcar el carácter sintético de la imagen, que «es mejor crear una sola imagen en toda la vida para expresar una idea que un sinnúmero de libros»[22]. Ya se habló de la síntesis intelectual-emocional que al mismo tiempo se da en el lector al leer una metáfora. Queda por ser analizada esa otra concisión que comprime toda una filosofía en una imagen. Para esto se ha de usar un ejemplo cualquiera de la poesía de

---

[20] Thomas, pág. 69.
[21] Aristóteles, *Poética*, ed. cit., 1459a 6-7. Véase también *Retórica*, III, 2, 1405a 9-10.
[22] T. S. Eliot (ed.), *Literary Essays of Ezra Pound*, London, 1954, pág. 4. Cita en Nowottny, pág. 57. La traducción es mía.

los tres poetas que aquí se estudian. Guillén, en su segunda obra *Clamor*, tiene un poema que se llama «Luciérnaga». El poema es éste:

> La noche aleja el prado,
> Gris azul en lo negro. De pronto fulge un punto
> Verde muy amarillo aligerado
> Por tan rápida huida
> Que apenas es ya vida
> Cuando se desvanece, se enluta hacia un presunto
> Casi aniquilamiento.
> Desde la sombra mía yo presiento
> La hermosura —que es luz— de aquel instante
> Breve, feliz, mortal: relámpago de amante.

¿Cuál es la metáfora?, o mejor, ¿cuáles son sus componentes? El plano real es la luciérnaga y el irreal es la vida humana. Guillén ha condensado toda una filosofía, la de la fugacidad, brevedad, de la vida en la imagen de la luciérnaga. La presencia del hombre en el mundo, equiparada con la presencia fugaz de la luciérnaga, se desvanece en la muerte como se desvanece la de la luciérnaga en la noche. La vida humana es un «instante / breve, feliz, mortal: relámpago de amante». La concisión metafórica es también gramatical. Dos oraciones se condensan en una expresión: la vida es luciérnaga. Decir esta verdad poética es más sugestivo que decir simplemente: la vida es fugaz como fugaz es la luciérnaga (símil), o la vida es fugaz: la luciérnaga lo es también.

Cuando se hablaba, casi al principio de este capítulo, sobre los dos elementos que componen la metáfora, se dijo que de la tensión entre aquéllos dependía la efectividad metafórica. La tensión depende a su vez del grado de separación que hay entre el mundo del plano real y el del plano irreal. Vale explicar este fenómeno considerando primero brevemente la actitud de la Generación del 27 frente a la idea de la metáfora.

La Generación del 27 constituye una poética que tiene un culto especial a la metáfora. Este culto es parte, claro, de la tradición poética española —Góngora y otros poetas del Siglo de Oro— pero revivida por los varios movimientos vanguardistas del siglo xx, sobre todo el ultraísmo y el creacionismo. La diferencia entre el culto a la metáfora de la Generación del 27 y el de estas corrientes es que en la primera la metáfora está cargada de harta substancia humana y en las segundas la metáfora está frecuentemente vacía, lo que responde, casi exclusivamente, a un mero deporte o capricho de la inteligencia e imaginación. Dámaso Alonso, en su estudio «Una generación poética (1920-1936)», dice: «La herencia, pues, que recibe mi generación es un frío legado, una especie de laboratorio técnico. Pero todo su desarrollo y maduración va a ser —por muchos caminos— un aumento de temperatura humana»[23]. La influencia de los movimientos vanguardistas en la generación de Salinas se ve sobre todo en la metáfora y aún más en el uso de metáforas radicales, de la «apretada imagen, unidora de lo muy dispar», como dice Dámaso Alonso[24] y que Bousoño ha llamado «imágenes visionarias»[25]. Si la metáfora es radical, atrevida, por la disparidad entre el plano real y el irreal en la expresión de una substancia humana, es lógico que el valor de la poesía se intensifica en artificio y en contenido. Guillén, en su poema «Muerte de unos zapatos», parte de *Clamor*, hace estas dos cosas: usa una metáfora atrevida, vanguardista si se quiere —los zapatos—, para crear, compa-

[23] Dámaso Alonso, *Poetas españoles contemporáneos*, 3.ª ed., Madrid, Gredos, 1965, pág. 165.
[24] Dámaso Alonso, pág. 172.
[25] Bousoño, *Teoría*, págs. 137-176.

rándolos con su vida, una novedad poética que encanta. Es decir, que la sorpresa emana de la radical incompatibilidad original entre el plano real, zapatos, y el irreal, vida humana.

El encanto de este fenómeno proviene también de la explotación que hace el poeta de las cosas para su creación artística. Son artistas que tienen fe en las cosas, artistas que encuentran poesía en todo. Salinas, por ejemplo, construye un poema sobre un bombillo eléctrico; Guillén, sobre unas máquinas, y Aleixandre, sobre una pierna humana. Todos estos son poemas aparentemente intrascendentes que contienen temas de palpitación humana y que no se quedan en el mero juego de la forma como hicieron algunos de los vanguardistas y por lo cual Ortega y Gasset denominó el arte de éstos: deshumanizado.

Si el poeta tiende a este uso atrevido de metáforas cuyas partes son ultradispares puede haber ocasiones en las que se sienta éste inclinado a insertar explicaciones relámpagos de sus imágenes, lo cual en primer lugar es antipoético y en segundo lugar es un signo censurable de inseguridad en el uso del referente metafórico. Salinas es, entre los poetas que aquí se estudian, quien en ocasiones hace estas peligrosas explicaciones de sus imágenes. En «Suicidio hacia arriba», de *Razón de amor*, dice:

> Sin ver ya nada hecho por el hombre.
> ....
> Ni las cerillas, ni las tiernas máquinas
> —relojes—
> donde el tiempo, entre ruedas de tormento,
> perdía su bravura
> y se iba desangrando
> minuto por minuto, gota a gota,
> contándonos
> todas las dimensiones de la cárcel.

«Relojes» del verso tercero es la explicación de la imagen: «las tiernas máquinas».

De este estudio sintético de la metáfora, y específicamente de su naturaleza y funciones, se podrá comprender la importancia que tiene ésta en la literatura y sobre todo en la poesía. Sin metáfora no hay poesía. El poeta tiene que usarla si quiere dar expresión poética, es decir artística o exacta, a sus ideas y experiencias. Es el único medio de control absoluto al torbellino de aquéllas, el único medio de estructura y construcción del poema, del poema concebido como una perfecta construcción arquitectónica. Por fin el poeta tiene que usar la metáfora porque ésta es la única forma que, además de ser capaz de expresar exacta, concreta y condensadamente un misterio —la intuición poética—, es la única que la expande y la enriquece con sus connotaciones.

II

LA POÉTICA EN EL POEMA

Salinas, Aleixandre y Guillén han tenido algo que decir sobre su poética, término éste que comprende, principalmente, la función y alcance de la poesía y la forma de la construcción del poema. Sus ideas al respecto han sido inferidas fundamentalmente de su poesía y también de manera secundaria de sus comentarios sobre su propia obra y la de otros. Cuando se dice que han sido inferidas las ideas de su poesía, lo que se sugiere es que el ideal poético ha sido deducido de poemas en los cuales aparece tal ideal constituyendo —y esto es lo fundamental— su tema y estructura misma. Por otra parte, importa conocer lo que el poeta ha tenido que decir sobre la poesía de otros porque su propio ideal poético generalmente está reflejado en sus comentarios. T. S. Eliot dice al respecto:

Creo que los estudios críticos efectuados por poetas —y se ha de decir que de dichos estudios hay ejemplos distinguidos en el pasado— deben su interés al hecho de que directa o indirectamente en ellos sus autores o propugnan el tipo de poesía que practican o formulan el de la que desean escribir. Especialmente, si el poeta es joven y pelea activamente por defender su tipo de poesía, se ha de ver cómo aquél tiende a relacionar el arte del pasado con el suyo propio. De aquí que pueda ser exagerada o su gratitud por los maestros del pasado o su indiferencia hacia aquellos cuyos ideales poéticos han sido diferentes a los suyos [1].

PEDRO SALINAS

«La poesía es una aventura hacia lo absoluto», dice Salinas al hablar de su poética [2]. Para entender lo que él quiere decir con tal afirmación es menester analizar los cuatro primeros poemas, que en realidad son uno, de *Todo más claro*. (Aquella afirmación apareció en 1932 y la obra citada en 1949.) Salinas, con los cuatro primeros poemas de *Todo más claro*, marca el camino del poema delineado, básicamente, dentro de un contexto místico; esto es cierto sobre todo por los dos poemas intermedios: «En ansias inflamada» y «Verbo» [3].

LAS COSAS

Al principio, ¡qué sencillo,
allí delante, qué claro!
No era nada, era una rosa
haciendo feliz a un tallo,
5   un pájaro que va y viene

---

[1] T. S. Eliot, *On Poetry and Poets*, New York, The Noonday Press, 1957, pág. 17. La traducción es mía.

[2] Gerardo Diego, *Poesía española contemporánea (1901-1934)*, nueva ed., Madrid, Taurus, 1959, pág. 318. Es importante señalar la semejanza de esta idea poética con la de Aleixandre cuando dice éste que el poema es la «fuga o destino hacia un generoso reino, plenitud o realidad soberana, realidad suprasensible», es decir absoluta. Diego, página 495.

[3] Salinas pone entre paréntesis las palabras «Camino del poema» a manera de título. Pero antes usa el último verso de «Hacia el nombre» de Jorge Guillén: «Hacia una luz mis penas se consumen». Este verso es en verdad una síntesis temática de «Camino del poema».

soñando que él es un pájaro,
una piedra, lenta flor
que le ha costado a esta tierra
un esmero de mil años.
10 ¡Qué fácil, todo al alcance!
¡Si ya no hay más que tomarlo!
Las manos, las inocentes
acuden siempre al engaño.
No van lejos, sólo van
15 hasta donde alcanza el tacto.
Rosa la que ellas arranquen
no se queda, está de paso.
Cosecheras de apariencias
no saben que cada una
20 está celando un arcano.
Hermosos, sí, los sentidos,
pero no llegan a tanto.

Hay otra cosa mejor,
hay un algo,
25 un puro querer cerniéndose
por aires ya sobrehumanos
—galán de lo que se esconde—,
que puede más, y más alto.
Un algo que inicia ya,
30 muy misterioso, el trabajo
de coger su flor al mundo
—alquimia, birlibirloque—
para siempre, y sin tocarlo.

Aquí aparece el mundo contemplado y al alcance del hombre; éste goza de la presencia real de la rosa, la piedra y el pájaro, realidades elementales que encantan la creación (versos 3-9). Sin embargo, las manos «inocentes» al tocar las cosas no saben que tocan solamente lo accidental sin llegar a su esencia: «no van lejos, sólo van / hasta donde alcanza el tacto» (versos 14-15). Se remata esta parte de «Las cosas»

con la aceptación de la hermosura de los sentidos y el reconocimiento de su impotencia en la captura de lo infinito o
absoluto: «Hermosos, sí, los sentidos, / pero no llegan a
tanto» (versos 21-22). O sea los sentidos son bellos pero
ineficaces para la aprehensión de lo absoluto; sólo la poesía
puede llegar tan lejos. En la primera parte (versos 1-22) aparecen el mundo y el hombre frente a frente y en la segunda
parte (versos 23-33) el mundo y el hombre, pero ya no el
común sino el poeta que siente en su alma la necesidad de
vencer la incapacidad de los sentidos (del hombre común
que con ellos se contenta) con el encuentro de ese algo misterioso que es la poesía y que avanza a la esencia y la flor
del mundo (versos 30-31). El uso de la rosa en el poema como
uno de los elementos del mundo se justifica por su natura-
lidad (la elementalidad ya dicha), perceptible también en el
pájaro y la piedra, y porque es el símbolo universal de lo
transitorio frente a lo eterno de la poesía. Como se ha de
ver luego, esta misma metáfora le sirve a Guillén para tratar extensamente el mismo asunto dentro de una perspectiva
similar.

EN ANSIAS INFLAMADA

¡Tinieblas, más tinieblas!
Sólo claro el afán.
No hay más luz que la luz
que se quiere, el final.
5   Nubes y nubes llegan
creciendo oscuridad.
Lo azul, allí, radiante,
estaba, ya no está.
Se marchó de los ojos,
10 vive sólo en la fe
de un azul que hay detrás.
Avanzar en tinieblas,
claridades buscar
a ciegas. ¡Qué difícil!

15 Pero el hallazgo, así,
    valdría mucho más.
    ¿Será hoy, mañana, nunca?
    ¿Seré yo el que la encuentre,
    o ella me encontrará?
20 ¿Nos buscamos, o busca
    sólo mi soledad?
    Retumban las preguntas
    y los ecos contestan:
    «azar, azar, azar».
25 ¡Y ya no hay arredrarse:
    ya es donación la vida,
    es entrega total
    a la busca del signo
    que la flor ni la piedra
30 nos quieren entregar!
    ¡Tensión del ser completo!
    ¡Totalidad! Igual
    al gran amor en colmo
    buscando claridad
35 a través del misterio
    nunca bastante claro,
    por desnudo que esté,
    de la carne mortal.

El título es una alusión directa a la *Noche obscura* de San Juan de la Cruz:

        En una noche obscura,
    con ansias, en amores inflamada,
    ¡oh dichosa ventura!,
    salí sin ser notada,
    estando ya mi casa sosegada[4].

En el poema de Salinas se halla el poeta solo, sin la compañía ardientemente deseada de la poesía. Tal estado correspon-

────────
    [4] *Vida y Obras de San Juan de la Cruz*, Madrid, Biblioteca de Autores Cristianos, 1964, pág. 363.

de al del alma que está todavía en la obscuridad del cuerpo. En este estadio todo es «tinieblas, más tinieblas» (verso 1) excepto la fe y el afán que son claros (verso 2). La fe poética es parecida a la fe mística en cuanto el afán, en ansias inflamado, sale lleno de fe en busca de la luz poética como el alma del místico en busca del Esposo. El poeta busca el signo (verso 28) que es la palabra para encarnar en ella la esencia de las cosas. Como se ha de notar, en este poema la metáfora de la noche está definida, pues al amanecer encontrará el poeta la palabra, como el alma a su Dios.

VERBO

¿De dónde, de dónde acuden
huestes calladas,
a ofrecerme sus poderes,
santas palabras?
5 Como el arco de los cielos
luces dispara
que en llegarme hasta los ojos
mil años tardan,
así bajan por los tiempos
10 las milenarias.
¡Cuántos millones de bocas
tienen pasadas!
En sus hermanados sones,
tenues alas,
15 viene el ayer hasta el hoy,
va hacia el mañana.
¡De qué lejos misteriosos
su vuelo arranca,
nortes, y sures y orientes,
20 luces romanas,
misteriosas selvas góticas,
cálida Arabia!
Desde sus tumbas, innúmeras
sombras calladas,

25 padres míos, madres mías,
a mí las mandan.
Cada día más hermosas,
por más usadas.
Se ennegrecen, se desdoran
30 oros y plata;
«hijo», «rosa», «mar», «estrella»,
nunca se gastan.

Bocas humildes de hombres,
por su labranza,
35 temblor de labios monjiles
en la plegaria,
voz del vigía gritando
—el de Triana—
que por fin se vuelve tierra
40 India soñada.
Hombres que siegan, mujeres
que el pan amasan,
aquel doncel de Toledo,
«corrientes aguas»,
45 aquel monje de la oscura
noche del alma,
y el que inventó a Dulcinea,
la de la Mancha.
Todos, un sol detrás de otro,
50 la vuelven clara,
y entre todos me la hicieron,
habla que habla,
soñando, sueña que sueña,
canta que canta.

55 Delante la tengo ahora,
toda tan ancha,
delante de mí ofrecida,
sin guardar nada,
onda tras onda rompiendo,
60 en mí —su playa—,
mar que llevo a todas partes,
mar castellana.
Si yo no encuentro el camino

mía es la falla;
65 toda canción está en ella,
    isla ignorada,
    esperando a que alguien sepa
    cómo cantarla.

    ¡Quién hubiera tal ventura,
70 una mañana;
    mi mañana de San Juan
    —alta mi caza—
    en la orilla de este mar,
    quién la encontrara!

75 ¿Qué hay allí en el horizonte?
    ¿Vela es, heráldica?
    Una blancura indecisa
    —puede ser ala—
    hacia mi trémula espera
80 ¿sueña o avanza?
    Se acerca, y dentro se oyen
    voces que llaman;
    suenan —y son las de siempre—
    a no estrenadas.
85 De entre tantas una sube,
    una se alza,
    y el alma la reconoce:
    es la enviada.
    Virgen radiante, el camino
90 que yo buscaba,
    con tres fulgores, trisílaba,
    ya me lo aclara;
    a la aventura me entrego
    que ella me manda.
95 Se inicia —ser o no ser—
    la gran jugada:
    en el papel amanece
    una palabra.

El título es, como en el caso anterior, sugestivo. Verbo es palabra y Dios al mismo tiempo. La metáfora del verbo es exacta por corresponder perfectamente a las dos ideas referidas que han venido desarrollándose a lo largo del «Camino del poema». La palabra en ambos casos es la luz que ilumina las tinieblas de la noche del ansia poética y del alma; luz coincidente con la llegada del día y la consumación del poema: «en el papel amanece / una palabra» (versos 97-98). La luz de la palabra es abundante tal como la gracia divina en el caso del místico, y se concretiza con la metáfora de las «huestes calladas» que acuden al poeta para ofrecerle sus poderes (versos 2-3). Consistente con la imagen de las «huestes», el arco del cielo (lenguaje) dispara luces (palabras) que demorando siglos llegan al fin al poeta (versos 5-10). Estando la «hueste» lingüística formada por soldados (palabras) de Roma (español, lengua romance) y de Arabia, etc., la historia de la lengua es algo así como una historia militar poéticamente significante (versos 17-26). Las palabras son hechas por todos: monjas, labradores, escritores (versos 33-55). Una vez que las palabras están a la disposición del poeta, es su responsabilidad usarlas con cuidado y con arte; es su obligación cantar bellamente con ellas (versos 63-68). Al fin la luz del día ha llegado y con él, el poema. Cuando habla Salinas de la palabra en términos de la Virgen (versos 89-98), se está viendo en aquélla el medio, o mejor el camino hacia el poema, como en la Virgen el camino y la puerta de acceso hacia Dios. Los términos «trisílaba» y «tres fulgores» (verso 91) de la Virgen se refieren por una parte al vocablo «palabra» que contiene tres sílabas y por otra al fulgor de la Virgen antes, en y después del parto. Se puede concluir de todo esto que la palabra es el vehículo para la «aventura hacia lo absoluto». Con la palabra dice el poeta: «a la aventura me entrego» (verso 93).

El poema

Y ahora, aquí está frente a mí.
Tantas luchas que ha costado,
tantos afanes en vela,
tantos bordes de fracaso
5 junto a este esplendor sereno
ya son nada, se olvidaron.
Él queda, y en él, el mundo
la rosa, la piedra, el pájaro,
aquéllos, los del principio,
10 de este final asombrados.
¡Tan claros que se veían,
y aún se podía aclararlos!
Están mejor; una luz
que el sol no sabe, unos rayos
15 los iluminan, sin noche,
para siempre revelados.
Las claridades de ahora
lucen más que las de mayo.
Si allí estaban, ahora aquí;
20 a más transparencia alzados.
¡Qué naturales parecen,
qué sencillo el gran milagro!
En esta luz del poema,
todo,
25 desde el más nocturno beso
al cenital esplendor,
todo está mucho más claro.

La palabra que amaneció en el papel (versos 97-98 del poema «Verbo») está por fin frente al poeta, cara a cara. En «El poema» aunque aparecen los elementos primarios de «Las cosas»: rosa, piedra y pájaro, éstos no son los mismos, tanto porque están redimidos ya de su mortalidad con la poesía, como porque su claridad es absoluta al estar «a más transparencia alzados» (verso 20). Todo está más claro ahora. (De aquí proviene el título de la obra: *Todo más claro.*) Mientras con «El poema» se cierra la unidad estructural y temática de «Camino del poema», en el contexto místico aquél es el último paso que según algunos críticos de la mística es el que sigue a la unión, perfeccionada en el poema anterior[5]. Es la etapa del contento y la tranquilidad supremos que el alma siente luego de unirse a Dios y, en el caso del poeta, al tener consigo su poema, que tantos afanes y luchas le ha costado. En los cinco últimos versos se hace referencia a la noche y al día. Tal referencia es la síntesis metafórica de la noche y del amanecer que han sido usados desde el principio del «Camino» y que se refiere a la noche del ansia poética que logra encontrar la palabra para unirse en el amanecer del poema que es la máxima luz. Esta luz aventaja al cenital esplendor primaveral de la rosa, la piedra y el pájaro que en la realidad eran noche en comparación con la luz que hoy destellan en el poema. Vale indicar que *Todo más claro* es un libro en sí insólito en la producción de Salinas, sobre todo por el tema (la inquietud del autor frente a la sociedad moderna, tecnológica y sus consecuencias), más que por su elaboración técnica, que se mantiene controlada. Aunque existe tal desviación, el concepto poético es el mismo que fue propuesto en 1932: una «aventura hacia lo absoluto», que recuerda a Juan Ramón Jiménez, quien habla de la poesía como «una tentativa de aproximación a lo absoluto», y que Castellet lo define como característica de la poesía simbolista[6].

---

[5] *The Poems of Saint John of the Cross*, English Versions and introduction by Willis Barnstone, Bloomington, Indiana University Press, 1968, pág. 27.

[6] José María Castellet, *Veinte años de poesía española (1939-1959)*, 2.ª ed., Barcelona, Seix Barral, 1960, pág. 47.

La metáfora de la noche y el amanecer elaborada en «Camino del poema» reaparece con el mismo propósito (aunque ya no con la connotación mística) en 1954 en el poema «Confianza», parte del libro que lleva el mismo nombre. «Confianza», construido más o menos en los términos de la rima cuarta de Bécquer, es un firmísimo acto de fe poética. Mientras en la rima las expresiones capitales son dos: «mientras» y «habrá poesía», en el poema de Salinas hay sólo una: «mientras haya» sin la repetitiva confirmación becqueriana del «¡habrá poesía!». El efecto de esta estructura unilateral, en vez de la bilateral de la rima, está en que con la intensísima repetición del «mientras haya» (doce veces) sin el descanso y desahogo del «habrá poesía», o «confianza», transmite Salinas física e intelectualmente su ansia y desesperación por evidenciar la confianza que siente hondamente en la poesía. El poema viene a ser algo así como una oración larga y única en la que el poeta no le permite al lector parar y al menos respirar. «Confianza» se desarrolla temática y formalmente con la idea de la imagen de la fe poética en la mañana, el mediodía, la tarde, la noche y, otra vez, el amanecer que es el símbolo del amanecer del poema «Confianza» (verso 57). Habrá confianza poética y por tanto habrá poesía, mientras el mundo continúe existiendo: «Mientras haya / lo que hubo ayer, lo que hay hoy, / lo que venga» (versos 58-60). En los tres autores que aquí se estudian, hay una preocupación común sobre la palabra.

Salinas define explícitamente su confianza en aquélla en el poema «Cuartilla» de *Seguro Azar*.

CUARTILLA

Invierno, mundo en blanco.
Mármoles, nieves, plumas,
blancos llueven, erigen

blancura, a blanco juegan.
5 Ligerísimas,
   escurridizas, altas,
   las columnas sostienen
   techos de nubes blancas.
   Bandas
10 de palomas dudosas
   entre blancos, arriba
   y abajo, vacilantes
   aplazan
   la suma de sus alas.
15 ¿Vencer, quién vencerá?
   Los copos
   inician algaradas.
   Sin ruido choques, nieves,
   armiños, encontrados.
20 Pero el viento desata
   deserciones, huidas.
   Y la que vence es
   rosa, azul, sol, el alba:
   punta de acero, pluma
25 contra lo blanco, en blanco,
   inicial, tú, palabra.

Para comprender este poema es necesario interpretar su título y establecer con él el punto de partida que le pudo inspirar al poeta. Se trata de una cuartilla, de un pedazo de papel blanco —en el cual va a escribir el autor su poema—. Hasta el verso catorce lo blanco prevalece. En esta blanca monotonía no hay nada definido; por el contrario todo es caótico, confuso, dudoso y vacilante (versos 10, 12). La confusión blanca de «arriba / y abajo» (versos 11-12) se relaciona con el invierno que va a ser superado por la primavera «rosa, azul, sol, el alba» de la palabra (verso 26). Cuando se dice «punta de acero, pluma / contra lo blanco» (versos 24-25), se insinúa tanto la pluma o bolígrafo con que se escribe la palabra como la «punta de acero» (espada), pertinente al contexto bélico entre el invierno (blanco) y la primavera (rosa, azul, etc.); ésta con su espada destruye la blancura invernal de la cuartilla. (No se olvide que esta «pluma» aquí deriva originalmente de la «pluma» de las palomas en la primera parte del poema.) Con la victoria de la primavera, que es la victoria de la palabra, se define de una vez por todas la confianza de Salinas en la poesía. Siendo «Cuartilla» el primer poema de *Seguro Azar*, se puede decir que el blanco del libro fue vencido con este poema, como el blanco de la cuartilla fue definitivamente superado por la primera palabra que se rayó en el papel (versos 25-26) y dio paso al nacimiento del poema.

De Salinas, mejor que de cualquiera de los otros dos poetas en estudio, se pueden inferir ideas sobre su poética, no sólo de su poesía misma, sino de lo que ha tenido que decir en sus estudios críticos sobre Darío y Jorge Manrique o de lo que afirma en *Reality and the Poet in Spanish Poetry* y en sus últimos *Ensayos de literatura hispánica*. Básicamente lo que ha dicho sobre la poesía y la palabra en los poemas estudiados en este capítulo está diseminado en sus obras críticas. Sin embargo, en la última obra citada aparece su visión definitiva sobre la metáfora. Dos son los estudios en que trata Salinas de esta materia: «La metáfora y las cosas» cuando estudia la poesía de Jorge Carrera Andrade, y «Una metáfora en tres tiempos» [7].

Salinas, luego de recordar «la importancia capital que tiene la metáfora en la poesía moderna», indica que el lenguaje directo es inexacto y sólo el metafórico puede alcanzar alguna precisión. Es decir, la metáfora es una necesidad

[7] Pedro Salinas, *Ensayos de literatura hispánica: del «Cantar de Mio Cid» a García Lorca*, 3.ª ed., Madrid, Aguilar, 1967, pág. 178.

poética y de ningún modo un mero artificio superficial y retórico. Reitera Salinas la idea cuando, hablando del arte de Carrera Andrade, concluye diciendo que la metáfora milagrosamente logra la «exactitud poética» [8]. Esta consideración parece encerrar una contradicción. ¿Cómo se puede hablar de «metáfora» y de «exactitud»? Salinas cree que siendo la metáfora la forjadora o creadora de una nueva realidad distinta de las que conforman el plano real e irreal respectivamente, ha logrado dar el poeta a su expresión de pensamiento más exactitud que si se hubiera conformado o sólo con el plano real o sólo con el irreal. Para Salinas el mejor medio de superación de los sentidos y de penetración en la esencia de las cosas es la metáfora: ésta «empieza donde 'el ojo' termina de ver y la imaginación comienza a *visionar*». «Toda cosa que se asoma a [la] poesía es absorbida en el acto por el ansia metaforizante, y transmutada en visión» [9]. Esa «ansia metaforizante» por lograr una expresividad rigurosa es en definitiva el ansia de un gran poeta que siente y vence la impotencia del lenguaje común en la realización poética.

VICENTE ALEIXANDRE

Vicente Aleixandre cree en la comunicación de la poesía. Esta «es una profunda verdad comunicada... [que] tiene un supuesto: el idóneo corazón múltiple donde puede despertar íntegra una masa de vida participada» [10]. La comunicación es hacia una mayoría y de ningún modo hacia una minoría

---

[8] Salinas, *Ensayos*, págs. 177, 382.
[9] *Ibid.*, pág. 382.
[10] Vicente Aleixandre, *Obras Completas*, Madrid, Aguilar, 1966, págs. 1.582-1.583.

selecta de lectores. Lo que hace —de acuerdo con el autor— una poesía de mayoría o minoría no es su forma, sino exclusivamente su tema:

> Unos poetas —otro problema es este, y no de expresión, sino de punto de arranque— son poetas de «minorías». Son artistas (no importa el tamaño) que se dirigen al hombre atendiendo, cuando se caracterizan, a exquisitos temas estrictos, a refinadas parcialidades (¡qué delicados y profundos poemas hizo Mallarmé a los abanicos!); a decantadas esencias, del individuo expresivo de nuestra minuciosa civilización.
>
> Otros poetas (tampoco importa el tamaño) se dirigen a lo permanente del hombre. No a lo que refinadamente diferencia, sino a lo que esencialmente une. Y si le ven en medio de su coetánea civilización, sienten su puro desnudo irradiar inmutable bajo sus vestidos cansados. El amor, la tristeza, el odio o la muerte son invariables. Estos poetas son poetas radicales y hablan a lo primario, a lo elemental humano. No pueden *sentirse* poetas de «minorías». Entre ellos me cuento [11].

Es interesante considerar que sea precisamente Aleixandre, uno de los poetas más difíciles de la literatura española, quien hable de la ideal mayoría receptiva de su poesía. La posición de Salinas y de Guillén respecto a este asunto, del lector de la poesía, es más serena que la de Aleixandre. Salinas dice:

> La faena del poeta es hacer comunicable a otros la experiencia de vida que constituye el poema. Ni piensa en docenas, ni se imagina millones. El poema es una soledad; abierta sí a todos en cuanto que es comunicable y convivible, pero cerrada en su origen, la intuición inicial del poema, donde un hombre solo, y en su resultado, las palabras inalterables, la forma única, distinta de todo lo demás, que toma para vivir. Su peculiaridad consiste en su hallarse en esa zona fronteriza entre insobornable soledad e inmensa compañía, entre el indi-

---

[11] Aleixandre, *Obras*, pág. 1.445.

viduo que sintió a solas en el seno de su alma la voz del ángel, y el poeta que la convierte en una realidad participable a un número indefinido de gentes [12].

Aleixandre dice: «Mi poesía ha sido, desde [*Pasión de la Tierra*] un lento movimiento natural hacia la clarificación expresiva» [13]. Si se toma tal cual dice la cita se pueden inferir conclusiones negativas sobre la poética del autor. Primero se podría creer que en su poesía hay un lento desarrollo de expresión menos poética por esa supuesta «clarificación expresiva» y, segundo, que la dificultad en la expresión, inicialmente, fue innecesariamente difícil y obscura, es decir arbitraria. Argüir en contra de estas objeciones, diciendo que la claridad y la complejidad en la expresión dependen de la materia o ideas que se quieren expresar, no parece convincente porque la expresión no tiene que depender necesariamente de la materia que busca expresarse sino, más bien, de la efectividad o exactitud de la expresión misma. Es decir, lo que cuenta en este caso no es la claridad o dificultad de la expresividad poética sino su efectividad y exactitud.

Ha dicho Aleixandre que para él «el resultado más feliz de la poesía no es la belleza, sino la emoción» [14]. Este punto de vista, que recuerda el de Salinas cuando dice que primero viene la autenticidad y luego la belleza poética, será interpretado como el ideal del sentir armónico de la emoción y la belleza poéticas por ser que la efectividad de esa emoción sólo puede ser sentida a través de una expresión neta y por tanto bella.

---

[12] Pedro Salinas, *El defensor*, Madrid, Alianza Editorial, 1954, páginas 220-221.
[13] Aleixandre, *Obras*, pág. 1.450.
[14] *Ibid.*, pág. 1.582.

Para Aleixandre, poesía, además de comunicación, es «clarividente fusión del hombre con lo creado, con lo que acaso no tiene nombre» [15]. En uno de sus *Nuevos encuentros* con Don Luis de Góngora dice el autor que «los poetas, si algo son, son indagadores, indagadores de la realidad; no inventan nada: descubren, enlazan, comunican» [16]. El poeta es pues el supremo vinculador de la creación y el comunicador por excelencia de esa fusión misteriosa. El hecho de que aquél no invente nada no coincide con la idea de Salinas de acuerdo con la cual el poeta en su trabajo metaforizador inventa todo, al ser el gran creador de una nueva realidad poética. Las dos ideas de Aleixandre sobre la poesía como fusión y comunicación no son en realidad novedosas; lo importante es más bien que una y otra están desarrolladas y sentidas poéticamente. Es decir que, como en el caso de Salinas, las ideas constituyen el tema y a la vez la estructura de sus poemas respectivos. Dos son los poemas que han de ser estudiados para este efecto: «El poeta» de *Sombra del paraíso* y «El poeta canta por todos» de *Historia del corazón.*

EL POETA

Para ti, que conoces cómo la piedra canta,
y cuya delicada pupila sabe ya del peso de una montaña
    sobre un ojo dulce,
y cómo el resonante clamor de los bosques se aduerme
5   suave un día en nuestras venas;

para ti, poeta, que sentiste en tu aliento
la embestida brutal de las aves celestes,
y en cuyas palabras tan pronto vuelan las poderosas alas
    de las águilas

---

[15] *Ibid.*, pág. 1.558.
[16] *Ibid.*, pág. 1.350.

10 como se ve brillar el lomo de los calientes peces sin so-
     nido:

    oye este libro que a tus manos envío
con ademán de selva,
pero donde de repente una gota fresquísima de rocío brilla
15   sobre una rosa,
o se ve batir el deseo del mundo,
la tristeza que como párpado doloroso
cierra el poniente y oculta el sol como una lágrima os-
     curecida,
20 mientras la inmensa frente fatigada
siente un beso sin luz, un beso largo,
unas palabras mudas que habla el mundo finando.

    Sí, poeta: el amor y el dolor son tu reino.
Carne mortal la tuya, que, arrebatada por el espíritu,
25 arde en la noche o se eleva en el mediodía poderoso,
inmensa lengua profética que lamiendo los cielos
ilumina palabras que dan muerte a los hombres.

    La juventud de tu corazón no es una playa
donde la mar embiste con sus espumas rotas,
30 dientes de amor que mordiendo los bordes de la tierra,
braman dulce a los seres.

    No es ese rayo velador que súbitamente te amenaza,
iluminando un instante tu frente desnuda,
para hundirse en tus ojos e incendiarte, abrasando
35 los espacios con tu vida que de amor se consume.

    No. Esa luz que en el mundo
no es ceniza última,
luz que nunca se abate como polvo en los labios,
eres tú, poeta, cuya mano y no luna
40 yo vi en los cielos una noche brillando.

    Un pecho robusto que reposa atravesado por el mar
respira como la inmensa marea celeste

y abre sus brazos yacentes y toca, acaricia
los extremos límites de la tierra.

45   ¿Entonces?
Sí, poeta; arroja este libro que pretende encerrar en sus
      páginas un destello del sol,
y mira a la luz cara a cara, apoyada la cabeza en la roca,
mientras tus pies remotísimos sienten el beso postrero del
50   poniente
y tus manos alzadas tocan dulce la luna,
y tu cabellera colgante deja estela en los astros.

Aparece el poeta elevado a un plano cósmico y absoluto; es
un ser que puede fundir y vincular físicamente el universo:
su cabeza toca el sol o el día; sus pies pisan el poniente o
la noche; sus manos alcanzan la luna y su cabellera deja
huella en los astros (versos 48-52). La exaltación se refuerza
también con el poder del poeta que, como tal, tiene para
fusionar en su obra elementos sobre todo dispares como el
amor y el dolor (verso 23), la fuerza de la selva y la dulzura
del rocío (versos 12-15), la noche y el día (versos 14-22), el
cielo y el mar, las aves y los peces (versos 6-11). Si el poeta
es el vinculador supremo del universo, su poema, que es
su manifestación externa, será una concreción comunicativa
de la fusión cósmica.

En el verso veintitrés del poema se dice: «Sí, poeta: el
amor y el dolor son tu reino». Tomado el verso así, aislada-
mente, tiene poca o ninguna fuerza poética; no produce esa
bella emoción característica de la poesía de Aleixandre. Sin
embargo, relacionado aquél interpretativamente con los nueve versos inmediatamente anteriores, el efecto es único y
grandioso al ser éste la síntesis de los conceptos precedentes
de amor y dolor expresados y elaborados en las imágenes
del rocío sobre la rosa y la agonía del mundo cuando se aproxima la noche. El poeta dice que en su poema se siente la

ferocidad de la selva (verso 13) y de repente el encanto y el amor de «una gota fresquísima de rocío [que] brilla / sobre una rosa» (versos 14-15). Esta bella y sutil imagen del amor: gota de rocío sobre una rosa, servirá de base para construir la imagen paralela del dolor con la «lágrima [el sol] oscurecida» (versos 18-19) y oculta debajo del «párpado doloroso» del poniente (versos 17-18). El párpado doloroso por su color rojo se asemeja a la rosa. El poniente está encendido como un párpado que de tanto llorar se ha enrojecido. Recuérdese que este llanto metafórico es ocasionado por el dolor al morir el mundo cuando muere el día. Sobre la rosa está la gota mañanera del rocío y bajo el doloroso párpado enrojecido del poniente se oculta una lágrima (sol) oscurecida. El mundo, que está personificado al estar muriéndose o sea «finando», balbucea palabras que ya son «mudas» (verso 22).

Del mismo poema se pueden extraer —a más de las ya dichas— nuevas consideraciones sobre la poética de Aleixandre. Este usa en su poema dos «yo»: el del poeta (A) a quien se dirige y el yo del poeta (B) que se dirige. Ambos son el desdoblamiento de un yo poético principal (C) que desconfía del poder de la palabra para asir la fusión del mundo comunicativamente. El yo (B) que se dirige pide al otro (A) que arroje el libro (el poema) que «pretende encerrar / en sus páginas [versos] un destello del sol» (versos 46-47). El poema, según esta manera de ver, «pretende» (simplemente pretende) encerrar un «destello» (solamente un destello) de luz. Lo mejor es mirar la luz «cara a cara» (verso 48) directamente. Hay un ansia infinita en el poeta parecida a la de Juan Ramón Jiménez por asir la cosa misma y comunicarla en cuerpo y alma y sin la participación de la palabra.

En el poema queda también sugerida la idea de la inmortalidad poética. La luz poética —la misma que apareció en

Salinas— redime la carne mortal del poeta para hacerla brillar en la noche y en el mediodía del cielo (versos 24-27); la elaboración de este concepto continúa en los versos subsiguientes hasta culminar con la fusión de la luz, la poesía y el poeta. Éste no es ceniza mortal, es luz inextinguible (versos 36-40). Antes de estos cinco versos el poeta por un lado, y, por otro, la luz y la poesía eran elementos separados, ahora aquí ya constituyen una sola cosa: el poeta es luz. Tu «mano y no luna / yo vi en los cielos una noche brillando» (versos 39-40).

El poeta canta por todos

Este poema cuyas tres partes individual y conjuntamente constituyen una unidad total trata de los temas de la fusión y de la comunicación poéticas.

I

Allí están todos, y tú los estás mirando pasar.
¡Ah, sí, allí, cómo quisieras mezclarte y reconocerte!
    El furioso torbellino dentro del corazón te enloquece.
Masa frenética de dolor, salpicada
5 contra aquellas mudas paredes interiores de carne.
    Y entonces en un último esfuerzo te decides. Sí, pasan.
Todos están pasando. Hay niños, mujeres. Hombres serios. Luto cierto, miradas.
    Y una masa sola, un único ser, reconcentradamente des-
10   fila.
    Y tú, con el corazón apretado, convulso de tu solitario dolor, en un último esfuerzo te sumes.
Sí, al fin, ¡cómo te encuentras y hallas!
Allí serenamente en la ola te entregas. Quedamente de-
15   rivas.
    Y vas acunadamente empujado, como mecido, ablandado.
    Y oyes un rumor denso, como un cántico ensordecido.

Son miles de corazones que hacen un único corazón que te lleva.

En esta parte se hallan el poeta y la multitud simbolizando la humanidad. Aquél quiere —sólo quiere, al principio— mezclarse y a la vez reconocerse en la multitud; o sea su deseo es ser la multitud y a la vez ser él (versos 1-2). Este deseo por fusionarse y la fusión misma son progresivos pues primero ese querer es un simple querer que luego se hace furioso torbellino dentro del corazón (verso 3). Después se decide el poeta a hacerlo (verso 6), entregándose a la ola multitudinaria que pasa (verso 14) e inicia la fusión (versos 18-19). Antes, al comenzar el estudio de Aleixandre en este capítulo, se indicó el ideal mayoritario de su poesía; aquí en este poema se experimenta y siente tal ansiedad, antes expresada sólo teóricamente.

II

20   Un único corazón que te lleva.
        Abdica de tu propio dolor. Distiende tu propio corazón
            contraído.
        Un único corazón te recorre, un único latido sube a tus
            ojos,
25 poderosamente invade tu cuerpo, levanta tu pecho, te
        hace agitar las manos cuando ahora avanzas.
        Y si te yergues un instante, si un instante levantas la voz,
            yo sé bien lo que cantas.
        Eso que desde todos los oscuros cuerpos casi infinitos se
30   ha unido y relampagueado,
        que a través de cuerpos y almas se liberta de pronto en
            tu grito,
        es la voz de los que te llevan, la voz verdadera y alzada
        donde tú puedes escucharte, donde tú, con asombro, te
35   reconoces.
        La voz que por tu garganta, desde todos los corazones
            esparcidos,
        se alza limpiamente en el aire.

El poeta recoge las voces dispersas de la humanidad en su corazón que armoniza los latidos de los corazones de la masa. Este corazón poético unificante y unificado es como la voz que alzada en grito (versos 31-35) es escuchada plenamente y reconocida por el poeta mismo y por la humanidad entera. La metáfora del grito como voz alzada da pie a otra metáfora, a la del relámpago (versos 27-32), para conducir al lector a concebir la poesía como la luz plena.

III

Y para todos los oídos. Sí. Mírales cómo te oyen.
40   Se están escuchando a sí mismos. Están escuchando una
     única voz que los canta.
Masa misma del canto, se mueven como una onda.
Y tú sumido, casi disuelto, como un nudo de su ser te
     conoces.
45   Suena la voz que los lleva. Se acuesta como un camino.
Todas las plantas están pisándola.
Están pisándola hermosamente, están grabándola con su
     carne.
Y ella se despliega y ofrece, y toda la masa gravemente
50   desfila.
Como una montaña sube. Es la senda de los que marchan.
Y asciende hasta el pico claro. Y el sol se abre sobre las
     frentes.
Y en la cumbre, con su grandeza, están todos ya cantando.
55   Y es tu voz la que les expresa. Tu voz colectiva y alzada.
Y un cielo de poderío, completamente existente,
hace ahora con majestad el eco entero del hombre.

En esta parte la poesía es comunicación. En la voz del poeta está unificada y fundida la del pueblo y así todos le escuchan al poeta y se escuchan a sí mismos. Aquí culminan el tema y la forma metafórica del poema. La masa a través del canto poético de su profeta llega a la cima redentora. La voz poética se tiende como un camino (verso 45) por el cual pasa y sube la masa «como una montaña» (verso 51), como una montaña por la abundante dispersión de los individuos y porque se visualiza la ascensión del pueblo a la cumbre poética. Las varias metáforas aquí utilizadas son: el corazón, la voz, el agua (río-mar) y la luz que a su vez es metaforizada por el camino. Toda esta variedad metafórica fusionada conforma la unidad total del poema, que, como se había anotado, se dramatiza con el dinamismo psíquico observado cuando el poeta: 1) quiere fundirse con la multitud; 2) ese querer se intensifica; 3) decide hacerlo; 4) lo hace; 5) comunica, y a la vez, 6) escucha tal fusión. El otro elemento dinámico se experimenta en la imagen de la multitud que avanza —como un torrente— y sube hacia la cumbre de la poesía dirigida por este gran patriarca que saca a su pueblo de la obscuridad ascendiendo a la cima de la poesía misma.

Se había dicho anteriormente, al hablar de «El poeta», que desconfía Aleixandre de la palabra. Esta idea se desarrolla en «Palabras» de *Espadas como labios*. La palabra está vista en el poema como algo marchitable, sin permanencia, «se pierde como arena». Se produce el énfasis retórico apropiado para encarnar este desprecio a la palabra y su potencial retórico con las repeticiones del vocablo «palabra» y con la aliteración querida de: muchacha, marchita, machacada, manchada, lucha, e hinchada. Este poema, como «Cuartilla» de Salinas, trata de la palabra y el papel en que se ha de escribir.

Aleixandre, lo mismo que Salinas, tiene algo específico que decir sobre la metáfora en general y, en especial, sobre ésta en su propia obra. La metáfora es para Aleixandre «uno de los procedimientos de la expresividad y de ningún modo un ornamento de la poesía; por el contrario, aspira, como todos, a dar la expresión propia y rigurosa del contenido que se quiere comunicar»[17]. Aparentemente esta definición parece no ser importante. Sin embargo si se la analiza punto por punto se verá que es iluminadora, en cuanto define la posición del autor frente a la expresividad poética. La metáfora no es un ornamento; por el contrario es un medio retórico que responde a una necesidad poética de expresión. Se sabe de la definición que su función es la «expresión propia y rigurosa del contenido». Esta rigurosidad expresiva, que recuerda la opinión de Salinas al hablar de esta materia, equivale a la exactitud de la palabra de la cual habló Sali-

---

[17] La cita es de la carta del 9 de marzo de 1972 que Aleixandre gentilmente se dignó enviarme en contestación a una que le dirigí. El resto del texto es el siguiente: «Este viejo medio de expresividad, continuamente renovado, ha tenido un abundante uso dentro de mi obra. Hay épocas líricas que son muy metafóricas, las más imaginativas y, por otra parte, también, modernamente, las más irracionalistas; y otras en las que, al disminuir la posición imaginativa y propiciarse una expresión más realista de la manifestación poética, disminuye el uso de la imagen y aumenta el de otros procedimientos menos visibles (algunas de las 'rupturas del sistema', el 'símbolo disémico', etc., diremos utilizando los descubrimientos y nomenclatura, hoy insustituibles, de Bousoño).

Unas y otras épocas tienen razón, porque el uso mayor o menor de unos u otros procedimientos depende de las necesidades de la expresividad del período correspondiente.

Dentro de mi poesía la metáfora es muy utilizada en toda la primera parte de mi obra, hasta *Nacimiento último* inclusive, por tratarse de una extensa zona de mi trabajo donde la perspectiva visionaria y la trabazón irracionalista son, juntas o separadas, predominantes en la textura lírica. Disminuye el empleo de la metáfora después, a partir de *Historia del corazón* (salvo en algunos apartados de este libro y de *En un vasto dominio*), al templarse el uso de la imaginación, por una parte, y por otra menguar también la necesidad de las asociaciones evocativas irracionalistas. Para adquirir, más tarde, nuevo bulto y relieve el empleo de estas figuraciones en *Poemas de la consumación*, donde las rupturas lógicas y la imaginística expresiva vuelven a tomar incremento y renovada significación». Vicente Aleixandre.

nas y oportunamente se verá intensificada en la poética de Guillén.

Si Aleixandre dice que el poeta es el supremo vinculador del mundo, está diciéndolo inconscientemente porque reconoce que su principal recurso en la expresión de ese principio de vinculación es la metáfora, la suprema forma, por naturaleza, de unificación. Pero hay algo más: la metáfora es aquí —como dice Dámaso Alonso refiriéndose al tema de la unidad— «una enunciación de verdades cuasiteológicas». Es la visión misma en forma expresada; no es de ningún modo un mero «juego literario» [18] o, como dice Aleixandre en su definición de metáfora, no es un «ornamento».

JORGE GUILLÉN

En la poética de Guillén contenida en la antología de Gerardo Diego se define un ideal poético del que la crítica innecesariamente ha usado y abusado para explicar la poesía, sobre todo de la primera época, de este autor. Tal es el de poesía pura [19]. Este es un concepto que viene de Valéry: «La conception de poésie pure est celle d'un type inaccessible, d'une limite idéale des désirs, des efforts et des puissances du poète» [20]. «Je dis *pure* au sens où le physicien parle d'eau pure» [21]. El poeta de acuerdo con este ideal ha de crear el poema eliminando absolutamente todo lo antipoético o falto de alguna substancia poética. «Ce qu'on appelle un *poème* se compose pratiquement de fragments de *poésie*

---

[18] Dámaso Alonso, *Poetas españoles contemporáneos*, 3.ª ed., Madrid, Gredos, 1965, pág. 280.

[19] Diego, págs. 342-343.

[20] Paul Valéry, *Oeuvres*, I, Paris, Éditions Gallimard, 1957, pág. 1.463.

[21] Valéry, pág. 1.457.

pure enchâssés dans la matière d'un discours. Un très beau vers est un élément très pur de poésie» [22].

Guillén, siguiendo o no este ideal de Valéry, es el artista que en su obra, sobre todo en *Cántico*, se deshace con furia de todo elemento superfluo, de todo signo lingüístico vacío que puede interrumpir la creación de una poesía clara, concisa, pura y perfectamente construida [23]. Decir que este poeta ansió una poesía de este tipo no equivale a decir que buscó una poesía fría, puramente intelectual y deshumanizada [24]; ya esta creencia está superada y no necesita más comentario. Pero vale aclarar que la poesía pura o «absoluta» —usando el otro término de Valéry— no tiene nada que ver con la naturaleza del tema, sino con la forma y expresión. Importa muy poco en todo caso calificar de una u otra forma la poesía de Guillén; lo esencial es tratar de comprenderla, desentrañando su grandeza humana y artificio técnico [25].

Para Guillén poesía es ante todo arte y creación: «arte en todo su rigor de arte y creación en todo su genuino empuje» [26]. Ni el formalismo vacío ni el sentimentalismo ni la mera inspiración ni lo didáctico exclusivista cuentan en su poesía. Lo ideal es crear una forma bien trabajada y ajusta-

---

[22] *Ibidem.*
[23] Valle-Inclán se refiere a este mismo ideal poético para su prosa. Éste dice: «No hay diferencia esencial entre prosa y verso. Todo buen escritor, como todo verdadero poeta, sabrá encontrar número, ritmo, cuantidad para su estilo. Por eso los grandes poetas eliminan los vocablos vacíos, las apoyaturas, las partículas inexpresivas, y se demoran en las nobles palabras, llenas, plásticas y dilatadas». Cita contenida en Diego, pág. 85.
[24] Véase Castellet, págs. 89-100.
[25] Para un estudio de Valéry y Guillén, véase Concha Zardoya, *Poesía española del 98 y del 27 (Estudios temáticos y estilísticos)*, Madrid, Gredos, 1968, págs. 207-254.
[26] Jorge Guillén, *Lenguaje y poesía*, Madrid, Alianza Editorial, 1969, pág. 186.

da plenamente a un contenido [27]. «Poesía como arte de la poesía: forma de una encarnación. Podríamos escribir esta palabra con mayúscula: misterio de la Encarnación. El espíritu llega a ser forma encarnada misteriosamente, con algo irreductible al intelecto en estas bodas que funden idea y música» [28]. Así como el poema debe ser un mundo perfecto, una construcción (arquitectónica) poéticamente bien acabada y sobria, el libro del cual aquél es parte debe estar construido con el mismo ideal de estricta unidad y pureza. Este carácter arquitectónico de la poesía es un ideal heredado de Góngora. Al respecto dice Guillén: «Nunca poeta alguno [Góngora] ha sido más arquitecto. Nadie ha levantado con más implacable voluntad un edificio de palabras» [29]. Hablando de *Cántico* dice Guillén casi lo mismo: «No imaginaba yo el libro como una serie de textos mezclados caprichosamente, sino como una unidad orgánica, como un edificio» [30]. Este carácter unitario de la obra de Guillén es también rigurosamente observado en Aleixandre y Salinas. Cada uno de los libros de estos dos autores aparecidos a lo largo de su desarrollo literario son cuerpos u organismos vivos constituidos dentro de un plan unitario de concepción poética. Dámaso Alonso dice: «Nunca Aleixandre ha publicado meras colecciones de poemas; cada uno de sus volúmenes es una 'obra' total, inconsútil, inconfundible» [31]. Recuérdese por otra parte cómo Salinas organiza sus libros cuando el poema «Cuartilla» de *Seguro azar* justifica temática y técnicamente su condición de primer poema en el libro.

---

[27] Guillén, *Lenguaje*, pág. 186.
[28] *Ibid.*, pág. 187.
[29] *Ibid.*, pág. 38.
[30] Claude Couffon, *Dos encuentros con Jorge Guillén*, París, Centre de Recherches de l'Institut d'Études Hispaniques, sin fecha, pág. 13.
[31] Dámaso Alonso, pág. 288.

Guillén admira la metáfora como medio de expresión y control poéticos. Hablando de su generación poética y la metáfora dice: «Aquellos poetas hablaban por imágenes. Y en este punto —la prepotencia metafórica— se reúnen todos los hilos. El nombre americano de *imagists* podría aplicarse a cuantos escritores de alguna imaginación escribían acá o allá por los años 20. Góngora, Rimbaud, Mallarmé y más tarde otras figuras —de Hopkins a Éluard— son estímulos que conducen a refinar y multiplicar las imágenes» [32].

Guillén tiene, como Salinas, plena fe en la palabra exacta como instrumento idóneo para asir la cosa hasta su esencia misma. Como se ha de ver, este punto no concuerda con la desconfianza de Bécquer y Aleixandre en la palabra, pues la sienten incapaz de tal función. La palabra dentro del contexto del poema ha de decir y sugerir. Esta interpretación contradice las de Casalduero y González Muela quienes sostienen que en Guillén la palabra sólo dice [33]. Si así fuese no habría poesía. Tres son los poemas que aquí se han de estudiar en los que Guillén desarrolla su posición frente a la palabra: «Hacia el nombre», «Los nombres» y «Celinda».

HACIA EL NOMBRE

Se junta el follaje en ramo,
Y sólo sobre su cima
Dominio visible ejerce
La penetración de brisa.
5 Desplegándose va el fuste

[32] Jorge Guillén, *Lenguaje*, pág. 188. En otra ocasión dice Guillén: «Por unos o por otros caminos se aspiró al poema que fuese palabra por palabra, imagen a imagen, intensamente poético». Guillén, *Lenguaje*, pág. 190.

[33] Joaquín Casalduero, *Jorge Guillén: Cántico*, Santiago, Cruz del Sur, 1946, pág. 12, y Joaquín González Muela, *La realidad y Jorge Guillén*, Madrid, Ínsula, 1962, pág. 204.

> Primaveral. Ya principia
> La flor a colorearse
> Despacio. ¿Sólo rojiza?
> No, no. La flor se impacienta,
> 10   Quiere henchir su nombre: lila.

El título es sugestivo: hacia el nombre equivale a decir hacia la definición de la cosa a través de la palabra. Tal cosa es en el poema una flor, flor (nombre genérico) que no se sabe su nombre hasta cuando ésta llegue a la plenitud de su ser que es ser lila y la palabra que capta su esencia es «lila». La flor indefinida empezó coloreándose (todavía su definición es vaga) e intentó el poeta nominarla en tal estado con el término «rojiza» (verso 8). Insatisfecho aquél con tal intento espera que la flor henchida de su nombre llegue a ser lila para identificarla verbalmente. En los versos anteriores empezó Guillén por algo general: «follaje» (verso 1) para luego progresivamente ir centrándose en la flor de lila. Ha habido así en el poema un dinamismo doble: objetivo y subjetivo. Ellos se experimentan en el desarrollo del ser de la flor que corre paralelo con la ansiedad del poeta por llegar a la palabra exacta que aprehenderá la esencia de la cosa. La culminación de este dinamismo o evolución de ser y de expresión es simultánea: «lila» (verso 10). Este movimiento de lo general a lo individual, es decir, de lo confuso a lo claro quedó insinuado en el primer verso en el cual «Se junta el follaje en ramo».

Los nombres [34]

> Albor. El horizonte
> Entreabre sus pestañas

[34] Este poema ha sido estudiado por los siguientes críticos: José Manuel Blecua en la obra escrita por Ricardo Gullón y José Manuel Blecua, *La poesía de Jorge Guillén (Dos ensayos)*, Zaragoza, Heraldo

Y empieza a ver. ¿Qué? Nombres.
Están sobre la pátina

5 De las cosas. La rosa
Se llama todavía
Hoy rosa, y la memoria
De su tránsito, prisa,

Prisa de vivir más.
10 A largo amor nos alce
Esa pujanza agraz
Del Instante, tan ágil

Que en llegando a su meta
Corre a imponer Después.
15 Alerta, alerta, alerta,
Yo seré, yo seré.

¿Y las rosas? Pestañas
Cerradas: horizonte
Final. ¿Acaso nada?
20 Pero quedan los nombres.

En síntesis, aquí se trata del amanecer del día y por tanto
del nacimiento del hombre. Lo primero que éste ve son las
cosas, los nombres: está la rosa y su tránsito que se llama
prisa. El ansia de la rosa por vivir más es el ansia del poeta
que conocedor de la brevedad de su existencia quiere vivirla
más. Las rosas al final se han muerto y la noche o la muerte
del día ha borrado todas las cosas excepto sus nombres
(verso 20). Blecua al explicar el inicial «albor» dice: «*Albor*,
sin ninguna clase de artículos, nos lleva al clima intelectual
de la categoría. Es un recurso estilístico que veremos utilizar con frecuencia a nuestro poeta. No se trata de un albor

---

de Aragón, Editorial, 1949, págs. 274-278, y Concha Zardoya, *Poesía
española contemporánea*, Madrid, Guadarrama, 1961, pág. 298.

determinado; es simplemente *albor*»[35]. La palabra «albor»
a secas, si se quiere, en su forma, es también la insinuación
inicial de la violenta concisión y brevedad del tema del poema: la vida. Con el mismo efecto aparecen usadas «prisa»
(verso 8) e «instante» (verso 12). La palabra «albor» tiene
también el carácter sugeridor colorista de lo rojo, pues el
lector cuando la escucha, forja inmediatamente en su mente
tal color coincidente con el despunte crepuscular del día y
la realización metafórica de la rosa. No se habrían producido
estos efectos si el poeta hubiese escogido el correlativo
«alba», por ejemplo. La personalización del día con su horizonte que «entreabre sus pestañas», es complementada y a
su vez intensificada visualmente por el verbo connotativo
«entreabre» seguido dinámicamente por «empieza a ver»
(versos 2-3). En la última estrofa, en la cual se concluye la
escena dramática de la vida del hombre y del día, asustado
el poeta frente a la brevedad vital de las rosas se pregunta,
como Jorge Manrique, ¿dónde están? Han desaparecido. El
poeta contento dice al final: «Pero quedan los nombres»
(verso 20) que es lo más importante. El «¿Acaso nada?» del
verso penúltimo, aparte de su significado real, fonéticamente evoca la palabra «ocaso» correlativa de la agonía y
muerte del día.

CELINDA

Sobre el ramaje un blanco
Bien erguido. ¿Qué arbusto?
Flor hacia mí. La arranco,
Fatalmente la arranco: soy mi gusto.

5 Esta flor huele a...
    ¿A jazmín?

---

[35] Blecua, pág. 275.

           No lo es.
                 ¿A blancura?
                       Quizá.

10   Yo recuerdo el ataque de esta casi acidez
     Como un sabor aguda.
     Un sabor o un olor. Y un nombre fiel. Tal vez...
     ¡Sí, celinda! Perfecta: en su voz se desnuda.

Aquí, la cosa se «desnuda» en su nombre o sea en la palabra
exacta y «fiel» que le pertenece. Se evidencia en el poema
un procedimiento real que pudiendo ser su punto de partida
constituye a su vez su estructura. El poeta, caminando por
una alameda o tal vez un jardín, de paso y sin querer,
arranca una flor blanca de un arbusto (versos 3-4). Luego de
arrancarla empieza a olerla y simultáneamente a identificarla. No puede hacerlo, no sabe a qué flor pertenece aquella
fragancia. Sabe, sí, que no huele a jazmín (versos 6-7). Sabe
a blancura; y de vacilación en vacilación llega a la palabra
«celinda». Alegre, exclama aquél acentuando su encuentro:
«¡Sí, celinda!» (verso 13). Concebida esta flor como una mujer, se desnuda preciosa en su nombre. Guillén ha partido
de una trivialidad, o mejor de una experiencia común, para
llegar tan alto, a la definición perfecta de la palabra poética.
La falta de solemnidad se evidencia también en las palabras
tan vulgares como «quizá» y «tal vez» (versos 9, 12) que dentro del contexto poético adquieren una especial belleza ca-
rente en su uso común.

   De estos tres poemas se desprende que las cosas se sal-
van de su transitoriedad por sus nombres, por la palabra.
La función del poeta es ir en busca de la palabra exacta en
la que la cosa ha de desnudarse y derramar su esencia. ¿Por
qué usa Guillén en estos poemas —y en otros como «Palabra
necesaria» cuyo tema es el mismo— la metáfora de la flor?

El motivo para esta constante metafórica es que siendo la flor el símbolo, por excelencia, de la brevedad de la vida, la idea de la eternización de la cosa por la palabra o poesía logra expresarse con efectividad. Flor y palabra son los dos elementos antitéticos pero a la vez complementarios en la vida del poeta. La desesperación que siente frente a la primera le impulsa al encuentro de la segunda y así a su propia salvación poética.

Guillén vuelve a desarrollar muchas ideas previas en su tercer libro *Homenaje* [36]. A este autor como a Salinas y Aleixandre le gusta hablar sobre poesía pero no definirla. Cuando Claude Couffon le pide a Guillén que defina la poesía, éste le dice: «Me complazco en responderle que yo no sé qué es la poesía y que su definición general no me interesa» [37]. Esta misma respuesta aparece en «Doble inocencia» de *Homenaje*.

DOBLE INOCENCIA

«Perdón. ¿Qué es poesía?»,
Pregunta el inocente a su maestro.
—Soy poeta. No sé. Definición no guía
Nuestro empeño más nuestro.
5 Yo no soy en las fórmulas tan diestro
Que pueda responderte con finura.
¿Qué es poesía? dices.
Felices
Los profanos. Su gusto les procura
10 Soluciones. Quizá tu propia tía...

---

[36] A este punto se refiere brevemente Andrew P. Debicki en «*Cántico, Clamor,* and *Homenaje*: The Concrete and the Universal», en *Luminous Reality: The Poetry of Jorge Guillén,* editada por Ivar Ivask y Juan Marichal, Norman, The University of Oklahoma Press, 1969, págs. 66-74.

En él enciérrase una entrevista irónica entre el discípulo y
el maestro —portavoz éste de Guillén— sobre definiciones
de poesía. No sabe definirla el maestro por ser poeta. El formalismo que supone toda definición es incompatible con el
genio creador de aquél. Una definición no puede servir de
patrón para una práctica poética individual. La poesía se
realiza; no se define. Este punto de vista es similar al de
Salinas y al de Aleixandre. Aquél dice, «Mi poesía está explicada por mis poesías. Nunca he sabido explicármela de
otra manera, ni lo he intentado. Si me agrada el pensar
que aún escribiré más poesías, es justamente por ese gusto
de seguir explicándome mi Poesía»[38].

MEDIODÍA

Lo que importa es nuestra palabra
Justa sin antojo de cabra

Que brinque y busque efecto brusco.
Admiro el Escorial y el Cuzco.

5 Piedras estrictas, piedras grises,
Siempre aventura para Ulises.

Las tradiciones son estrenos.
Todo en función. Ni más ni menos.

Todo converge hacia el conjunto.
10 Acudamos. Las doce en punto.

Aquí se encuentran dos ideales: la exactitud de la palabra,
que ha sido discutida, y la perfección de la construcción
—si se quiere arquitectónica— del poema. Éste estará cons-

---

[37] Couffon, pág. 29.
[38] Diego, pág. 319.

truido con palabras que son como «piedras», justas y estrictas. La sobriedad del Escorial es el conjunto arquitectónico con que se ha de comparar el poema puramente poético en el cual toda palabra ha de cumplir una función. Nada ha de faltar ni ha de sobrar (verso 8) pues, de faltar o sobrar algo, la construcción se desmoronaría. Todos los elementos del poema han de converger hacia su unidad meridiana. Lo importante en «Mediodía» además de estas ideas es que el ideal de perfección poética está logrado gracias a la metáfora apropiadísima del mediodía de acuerdo con la cual la cenital perfección del día, a las doce, hace sentir la meridiana perfección ideal del poema. Guillén dice que lo importante es la palabra «Justa sin antojo de cabra / Que brinque y busque efecto brusco» (versos 2-3). Con esta observación no niega el poeta el efecto de la palabra sino que ratifica su oportunidad y consistencia dentro del contexto dado. En los dos versos transcritos da tácitamente Guillén —a través de su arte— un ejemplo del efecto poético oportuno y consistente de la palabra logrado en la aliteración (brinque, busque, brusco) con la cual se siente el brinco brusco de la cabra o la palabra inexacta. Pero la más larga elaboración de todas estas ideas se halla en «Vida extrema» de *Cántico*, uno de los poemas expositivos más largos de Guillén.

Vida extrema

El poema se divide en tres partes. La primera y la última constan de cinco cuartetos cada una; la segunda, de treinta y cinco. En la primera parte se establecen los antecedentes del asunto, en la segunda se los desarrolla y en la tercera se definen las consecuencias o conclusiones de tal asunto desarrollado. El título: «Vida extrema» es la poesía misma (verso 180).

En la primera parte se le ve al transeúnte, que es el poeta, casi solo contemplando y haciéndole compañía a la tarde. Mientras más mirada y contemplada es ésta, más variedad ofrece a su contemplador quien a su vez mientras más la mira más ansia siente de consumarla (versos 8-16). Pero el tiempo pasa con la tarde y con la calle que, siendo caminada, se consume. Ésta es como una tabla rasa que se tiende delante para ser andada y superada por el caminante (versos 16-20). Frente a la fugacidad y paso inevitable del tiempo y de las cosas se pregunta el artista, desesperadamente: «¿Irá pasando todo a la deriva?» (verso 20). La respuesta es no. Aquél con su arte puede vencer esta inexorabilidad. Aquella respuesta aquí sintetizada se desarrolla en la segunda parte del poema.

Guillén, cuando estudia a Gabriel Miró, admira y hace suyas las ideas de este autor sobre la palabra, la expresión en relación con la contemplación, la realidad y las circunstancias que necesitan transposición artística. El proceso completo del artista es contemplar y expresar: «Hombre íntegro», dice Guillén, «significa, a esta luz, hombre expresivo, hombre expresado». «La poesía no es un ornamento que se superpone a la existencia sino su culminación» [39]. Las mismas ideas aparecen elaboradas poéticamente en esta segunda parte de «Vida extrema». El ideal poético o más bien la tarea del poeta es «del todo vivir, decir del todo». Pensar y contemplar no es suficiente; es preciso expresar. ¿Cómo? A través de una «forma de plenitud precisa y casta». Como siempre, en su poética, Guillén reitera una y otra vez el

---

[39] Guillén, *Lenguaje*, pág. 146.

valor de la palabra precisa y pura, que ya se estudió anteriormente.

La expresión del pensamiento y la contemplación es una
«metamorfosis» o sea es una transposición artística de la
realidad (versos 25-28). Tal idea es importante porque luego
se dirá que el arte inventa una nueva realidad, verdadera y
última, advirtiendo así al crítico y al lector ingenuos que no
se enfaden si en la poesía «no asiste al desnudo su vestido»
(verso 88), no hay rasgos parecidos entre los dos mundos;
que no llamen a su poesía deshumanizada porque no asisten
estos elementos comunes superficiales que se identifican
como «humanos»:

> Y la voz va inventando sus verdades,
> Última realidad. ¿No hay parecido
> De rasgos? Oh prudente: no te enfades
> Si no asiste al desnudo su vestido.
>
>   (Versos 85-88.)

La cosa contemplada y la cosa expresada varían porque la
una constituye un punto de partida, una materia en bruto,
mientras que la segunda es una nueva realidad estilizada, la
cosa depurada y libre de la escoria mortal de la realidad.
Salinas dice hablando del arte de Guillén, al mismo tiempo
que pensando en el suyo propio:

> La realidad, las cosas, están ya ahí, creadas. Con reprodu-
> cirlas tal cual, nada nuevo se crea, y la poesía tiene el deber
> primordial de crear. Pero, y ése es su conflicto, a base de lo
> ya creado: la realidad. Su labor no puede ser otra sino trans-
> mutar la realidad material en realidad poética. Si la poesía de
> Guillén, siendo tan real, es al par tan antirrealista y da una
> sensación tan perfecta de mundo purificado, esbelto, platónico,
> de maravillosa selva de ideas de las cosas, es por lo potente
> y eficaz de su instrumento de transmutación. A nuestro juicio,

ese instrumento de transmutación es la claridad de su conciencia poética [40].

El poema es la vida misma cuyo corazón palpita en el ritmo
de aquél: «El pulso en compás se trasfigura» (verso 92); el
ritmo de la respiración es «el ritmo de vocablo» (verso 93).
Aquí, dice el poeta, encantado por el misterioso efecto
del arte, «Late un ritmo. Se le escucha» (verso 129).

Guillén usa una metáfora para expresar la inmortalidad
de la palabra: «¡Palabra en vilo!» (verso 108), de acuerdo
con la cual la poesía, estando fuera del espacio, es universal
y, estando fuera del tiempo, es eterna: es la palabra porten-
tosamente en «vilo».

> Palabra que se cierne a salvo y flota,
> Por el aire palabra con volumen
> Donde resurge, siempre albor, su nota
> Mientras los años en su azar se sumen.

> (Versos 109-112.)

Cuando dice el poeta «siempre albor» sugiere el estado siempre prístino y de continuo renacer del poema que nunca se
envejece o muere en el ocaso de su inoportunidad temática
o en su agotamiento técnico.

> No morirá del todo la persona.
> En la palpitación, en el acento
> De esa cadencia para siempre dicha
> Quedará sin morir mi terco intento
> De siempre ser. Allí estará mi dicha.

> (Versos 156-160.)

---

[40] Pedro Salinas, *Literatura española siglo XX*, 2.ª ed., México,
Antigua Librería Robredo, 1949, pág. 191.

Pero la poesía, como lo era para Salinas y sobre todo Aleixandre, es para Guillén también comunicación. El lector
creará con su lectura un universo y lo vivirá intensamente:

> Entonces crearás otro universo
> —Como si tú lo hubieras concebido—
> Gracias a quien estuvo tan inmerso
> Dentro de su quehacer más atrevido.

(Versos 141-144.)

En la tercera parte la tarde ha de quedar eternizada gracias al arte del transeúnte:

> Sí, perdure el destello soberano
> A cuyo hervor la tarde fue más ancha.
> Refulja siempre el haz de aquel verano.
> Hubo un testigo del azul sin mancha.

(Versos 161-164.)

La tarde muere en la realidad, pero no en el poema, donde
ha quedado para siempre redimida y hoy el lector la vive y
podrá vivirla eternamente. Esta misma idea, de la tarde
salvada, apareció en el poema «Confianza» de Salinas: «Mientras haya / ... / Memoria que le convenza / a esta tarde que
se muere / de que nunca estará muerta» (versos 41-45).

Los puntos que sintetizan lo expuesto en esta parte son
los siguientes:

1) Salinas, Aleixandre y Guillén rechazan la idea de definir la poesía; no sólo porque la materia es, en sí, indefinible
sino porque una definición, formalista por naturaleza, no es
compatible con el genio creador; y por otra parte es inútil
e innecesario tal intento. La poesía no se define, se hace
Estas consideraciones no impiden que estos autores expon

gan sus ideas sobre la poesía, su propio ideal poético y la poesía de otros. Respecto a lo que tienen que decir sobre su poesía hay algo común en los tres: no se contentan con la exposición teórica de sus ideales artísticos sino que sobre todo, y esto es lo más importante y algo que la crítica no ha estudiado, los elaboran y estructuran poéticamente de tal modo que tal ideal poético constituye el tema y a la vez la estructura del poema. Cada uno de los poemas estudiados aquí, sin excepción, prueban lo dicho. En ellos el ideal aparece dinámicamente concebido a través de la metáfora: no es una fría exposición que se incluye, es la esencia palpitante que vivamente asimila el lector.

2) En ellos hay una profunda preocupación por la palabra, es tan intensa esa preocupación que equivale a una ansiedad vital. La función del poeta ha de ser encontrar la palabra exacta, justa, para asir la cosa que va a ser estilizada. Su meta es hacer de la cosa la palabra y de la palabra la cosa. Esta ansiedad alcanza el extremo paradójico con Aleixandre, cuando quiere que su poema sea la cosa misma, que no aprehenda el destello del sol sino el sol mismo; quiere ponerse con el lector cara a cara frente a la cosa. Al ser exacta la palabra buscada por el afán poético es cierto que estos tres autores despreciarán iracundamente la vaciedad, la falsa retórica en poesía; como consecuencia, esta autenticidad poética les lleva lógicamente a despreciar el sentimentalismo, lo anecdótico, el mero formalismo. Estos amantes de la palabra exacta son, así, poetas puros con una gran substancia humana y universal.

3) Para los tres poetas hablar poéticamente es hablar metafóricamente. La metáfora conduce, por la naturaleza de su ser, a la justeza y rigurosidad expresiva. Esa palabra justa y exacta que es la obsesión de estos autores equivale

a la metáfora con la que se ha de llegar a proveer la estructura y la debida expresión poética.

4) Lo primero en poesía es la autenticidad. La belleza es secundaria, o mejor ésta viene como resultado. Esta autenticidad de Salinas y Guillén respectivamente es la emoción en Aleixandre. La belleza es consecuencia de un auténtico sentimiento ajustado a una auténtica expresión.

5) Su fe en la palabra les lleva a ver en su arte el medio de salvación de la cosa y del poeta mismo. La cosa se extingue por el paso del tiempo pero queda su nombre en la palabra en la que el poeta supo desnudarla y derramar su esencia. Para poetizar este concepto de inmortalidad usan —sobre todo Salinas y Guillén— la metáfora de la flor, símbolo de la transitoriedad vital. Quedan así frente a frente flor y palabra, mortalidad y eternidad, intensificando en su confrontación el significado poético y filosófico respectivo. Su fe en la palabra se extiende a la confianza en la eternidad de la poesía: mientras haya hombre y mundo habrá siempre poesía.

Después de la discusión llevada a cabo hasta aquí, tanto sobre la naturaleza de la metáfora y sus efectos expresivos y de construcción poética, como sobre lo que los tres poetas en sus poemas y en teoría han tenido que decir sobre la poesía, la palabra y la metáfora, en los tres capítulos siguientes se analizará el desarrollo metafórico que los tres autores ejecutan en sus obras respectivas y específicamente en las aludidas en la «Nota preliminar». En cada uno de los capítulos siguientes, se podrá notar cómo estos poetas ponen en práctica lo dicho teóricamente en el capítulo segundo; y, aún más, se podrá ver cómo se reafirman en tales capítulos los ideales formales y poéticos ya estudiados. Se verá cómo los desarrollan y llevan hasta las últimas consecuencias.

III

EL DESARROLLO METAFÓRICO EN SALINAS

En *La voz a ti debida, Razón de amor* y *Largo lamento*, cada poema es una unidad independiente y, a la vez, parte del conjunto poético amoroso general; esto es cierto en cuanto al tema, en cuanto a la forma —como se puede imaginar— la situación varía, sobre todo entre los poemas del último libro mencionado cuyo desarrollo poético —respondiendo a las exigencias expresivas de su contenido— se amplía más que, por ejemplo, en los primeros de *La voz a ti debida*. Así cada poema de *Largo lamento*, cuyo tema fundamental es el dolor del amante frente a la ausencia de su amada, viene a ser indiscutiblemente un largo lamento. El hecho de que cada poema componente de la trilogía sea una unidad en sí, permite que se lo estudie como un mundo perfecto que se explica por sí mismo y, a la vez, como parte que desarrolla y enriquece el conjunto total. Esta idea es válida para toda la poesía de Salinas que no es sino la expresión artística de un tema único: la aventura hacia la esencia o el alma del mundo, hacia lo que está detrás de todo y que sólo es posible alcanzarlo siguiendo el camino del poema. Todo lo dicho está compactamente expresado en el poema introductorio:

> Forjé un eslabón un día,
> otro día forjé otro
> y otro.
>
> De pronto se me juntaron
> —era la cadena— todos.

Salinas quiere que cada poema suyo sea un eslabón: una unidad que como la circularidad del eslabón ha de ser perfecta en sí. Pero a la vez esta unidad ha de forjar otra, la de la cadena que es la obra poética total[1]. La unidad definida y realizada en el poema anterior ha de apreciarse en cada uno de los que a lo largo de este capítulo se estudien con fines específicos.

SINGULARIDAD METAFÓRICA

En el primer capítulo se estableció que dos de las funciones capitales de la metáfora eran servir de medio para: 1) estructurar el poema, y 2) expresar, justa, exacta y efectivamente una abstracción o intuición poética. Los dos aspectos son evidenciados con cualquier poema de Salinas y,

---

[1] Alma de Zubizarreta, en su estudio de este poema, enfoca la connotación de «forjé»: «El poeta identifica la creación de sus poemas con el acto de forjar eslabones, y deseamos recalcar el valor significativo del verbo escogido para la metáfora, que sugiere a la par que labor cuidada y minuciosa de artífice, trabajo esforzado, quehacer diario de obrero, sugerencia que es intensificada por la reiteración del verbo y la repetición de la palabra *otro* en la destacada posición final del verso, que alude primero a las jornadas: 'un día / otro día', luego a la obra: 'forjé otro / y otro'», Alma de Zubizarreta, *Pedro Salinas: El diálogo creador*, Madrid, Gredos, 1969, pág. 249.

en el presente estudio, con cualquiera de los de la trilogía amorosa. Aquel concepto de justeza y exactitud expresiva es decisivo porque todos los aparentes juegos lingüísticos y de forma encontrados en la poesía de este autor apuntan a la expresión más exacta de la idea y no sólo al alarde de ingeniosidad y de sorpresa que, por otra parte, es verdad, Salinas busca y exitosamente consigue.

> ¡Sí, todo con exceso:
> la luz, la vida, el mar!
> Plural todo, plural,
> luces, vidas y mares.
> 5 A subir, a ascender
> de docenas a cientos,
> de cientos a millar,
> en una jubilosa
> repetición sin fin,
> 10 de tu amor, unidad.
> Tablas, plumas y máquinas,
> todo a multiplicar,
> caricia por caricia,
> abrazo por volcán.
> 15 Hay que cansar los números.
> Que cuenten sin parar,
> que se embriaguen contando,
> y que no sepan ya
> cuál de ellos será el último:
> 20 ¡qué vivir sin final!
> Que un gran tropel de ceros
> asalte nuestras dichas
> esbeltas, al pasar,
> y las lleve a su cima.
> 25 Que se rompan las cifras,
> sin poder calcular
> ni el tiempo ni los besos.
> Y al otro lado ya
> de cómputos, de sinos,
> 30 entregarnos a ciegas

—¡exceso, qué penúltimo!—
a un gran fondo azaroso
que irresistiblemente
está
35 cantándonos a gritos
fúlgidos de futuro:
«Eso no es nada, aún.
Buscaos bien, hay más.»

Salinas en su poesía, sobre todo amorosa, sintetiza la idea
o el tema del poema en sus primeros versos y lo desarrolla
en el resto, con una culminación final integrante. En el presente ejemplo el tema es el exceso («¡Sí, todo con exceso»)
del amor de los amantes. Esta idea es la meta y, a su vez,
el camino del amor, tanto porque a él se ha de aspirar siendo un ideal superador de todo límite como porque por y
con él se ha de ascender al infinito amoroso que es el «detrás, más allá» de todo y que equivale al absoluto.

La metáfora del poema es el número o la cifra. Se logra
expresar con ella la frenética ascensión amorosa del amante
hacia el infinito amoroso. Salinas ha fundido dos ideas paradójicas: 1) la de lo exacto y limitado de la cifra o el
número, y 2) la de la infinitud del amor que está libre de
todo orden y límite posible; aún más, la exactitud del número sirve para llegar —otra vez paradójicamente— al «fondo
azaroso» (verso 32) del absoluto amor de los amantes. El
poema resulta ser así una especie de tensa ecuación mate-
mático-amorosa que permanece irresoluble. El otro efecto
importante de la metáfora del número se deriva del hecho
de que en el número mismo ya se realiza la paradoja antedicha del poema: pues el número encierra al mismo tiempo
los significados de exactitud (limitación) e infinitud (ilimitación). Así se tiene que la exactitud e infinitud (del amor)
de los dos planos metafóricos (real e irreal) en el poema

corresponden a la exactitud-infinitud del plano real en sí.
La tensión paradójica conceptual producida por la metáfora
coincide con el tema del exceso e intensifica la ambigüedad
y riqueza del poema. Estas observaciones no pueden pro-
venir nunca de un simple acercamiento temático al poema
sino de un cuidadoso proceso interpretativo que pasando
por la forma —la metáfora— llega a la iluminación del
tema.

¿Cómo explota Salinas técnicamente la metáfora del número que asciende desaforado rompiendo las cifras al infinito? Empieza —como se dijo— estableciendo la idea fundamental del exceso objetivizada en la segunda línea por
las imágenes subalternas de «la luz, la vida, el mar» que
con sus plurales ascienden a «luces, vidas y mares» (verso
4). La ascensión continúa primero con las sumas y luego con
las multiplicaciones, progresivamente: «caricia por caricia, / abrazo por volcán» (versos 13-14). De repente, los
ceros acuden en «tropel» para subir las ansias amorosas al
infinito deseado (verso 24) En esta parte entra un nuevo
elemento formal esencial de la poesía de Salinas: la estructura metafórico-dinámica que se estudia luego y que corresponde, si se quiere, a la dramática ascensión del amante
al infinito. Se manifiesta el dinamismo en el paso de lo sin-
gular a lo plural, de la suma a la multiplicación y en «'Eso
no es nada, aún. / Buscaos bien, hay más'» de los últimos
versos que sugiere que la ascensión nunca ha de cesar porque se trata, aquí, de llegar al infinito. Spitzer, en el análisis
de los dos versos de la multiplicación: «caricia por caricia, / abrazo por volcán», acertadamente dice: «el *por* mul-
tiplicativo, puede abrir perspectivas de sueños: 'multiplicar
caricia *por* caricia, abrazo *por* volcán'; la imaginación a base
de precisión crea un proceso tan fantástico como la 'mul-

tiplicación de un abrazo por un volcán'»[2]. Se ha de añadir
—desde el punto de vista de la estructura metafórica— que
con esos dos versos sorprendentes se ratifica el dinamismo
mencionado al notar que de la operación poética, «caricia
por caricia», proviene un resultado menor que aquel que
resulta de la otra operación: «abrazo por volcán». Volcán
también es símbolo del amor que, si bien se desarrolla en
un contexto exacto, limitado y matemático: «por», define la
ascensión de la pasión amorosa al infinito.

DINAMISMO METAFÓRICO

El dinamismo aludido en el poema anterior no es sino
la expresión formal de la aventura hacia el infinito esencial
estudiada en el capítulo segundo de la poética y que se explica a través del siguiente poema:

> Sí, por detrás de las gentes
> te busco.
> No en tu nombre, si lo dicen,
> no en tu imagen, si la pintan.
> 5 Detrás, detrás, más allá.
>
> Por detrás de ti te busco.
> No en tu espejo, no en tu letra,
> ni en tu alma.
> Detrás, más allá.
>
> 10 También detrás, más atrás
> de mí te busco. No eres
> lo que yo siento de ti.
> No eres

[2] Leo Spitzer, *Lingüística e historia literaria*, 2.ª ed., Madrid, Gredos, 1968, pág. 213.

> lo que me está palpitando
> 15 con sangre mía en las venas,
> sin ser yo.
> Detrás, más allá te busco.
>
> Por encontrarte, dejar
> de vivir en ti, y en mí,
> 20 y en los otros.
> Vivir ya detrás de todo,
> al otro lado de todo
> —por encontrarte—,
> como si fuese morir.

Aquí hay cuatro partes en las que se divide el dinámico desarrollo metafórico [3]. «Buscar», aquí, es un concepto pero a la vez una metáfora que expresa el deseo del amante frente a la amada que no está presente. Conceptualmente, «buscar» es hacer todas las diligencias necesarias para hallar algo o a alguien. Se materializa en el poema esta abstracción al sentirla como la actividad capital del amante que desesperado quiere alcanzar a la amada esencial. La materialización se desarrolla, dramáticamente, dinámicamente, en las cuatro partes del poema. Primero, se le ve a él buscándola detrás de las gentes, detrás de ellos (el tú y el yo no se incluyen todavía); luego, en la segunda parte, el amante la busca en el tú; en la tercera parte la busca en su propio yo; y, en la cuarta parte —la síntesis de todas—, la busca por detrás de todos (incluyéndose ellos, tú y yo); la busca más allá, en la muerte. Los cuatro momentos advertidos son literal y metafóricamente cuatro pasos que da el amante en la busca dinámica y desesperada de la amada esencial: el mejor tú.

---

[3] Véase un buen estudio de este poema desde el punto de vista temático en Carlos Feal Deibe, *La poesía de Pedro Salinas*, Madrid, Gredos, 1965, págs. 94-96.

Se intensifica la búsqueda con las cuatro veces en que se
repite «te busco» y con la obsesiva insistencia de las formas
adverbiales «detrás, más allá» que, expresando espacio, son
pertinentes a la construcción metafórica de la búsqueda
amorosa. La cuarta parte, como se advirtió, es la síntesis de
los tres pasos precedentes; esto quiere decir que se ha vuel-
to a una nueva pluralidad, más total (pues se incluyen él y
ella) y desesperante que la del primero, porque la intensidad
anímica y dolorosa se equipara al de la muerte. Claro que
esta muerte es dolorosa en el sentido anterior pero no es tal
en cuanto es medio último de salvación amorosa. De las previas consideraciones se puede concluir que hay, como parte
integrante de la estructura formal del poema, un doble dinamismo en la búsqueda, uno externo visualizado como
pasos verdaderos y otro anímico que avanza hasta la muerte; los dos culminan en la cuarta parte de la cual se saltará
a la muerte como efecto directo del fracaso en la búsqueda
desarrollado en el poema. Otro ejemplo de la aventura de
amante hacia la esencia del amor dentro de una visión
dinámica es:

> Ha sido, ocurrió, es verdad.
> Fue en un día, fue una fecha
> que le marca tiempo al tiempo.
> Fue en un lugar que yo veo.
> 5 Sus pies pisaban el suelo
> este que todos pisamos.
> Su traje
> se parecía a esos otros
> que llevan otras mujeres.
> 10 Su reló
> destejía calendarios,
> sin olvidarse una hora:
> como cuentan los demás.
> Y aquello que ella me dijo
> 15 fue en un idioma del mundo,

con gramática e historia.
Tan de verdad,
que parecía mentira.

No.
20 Tengo que vivirlo dentro,
me lo tengo que soñar.
Quitar el color, el número,
el aliento todo fuego,
con que me quemó al decírmelo.
25 Convertir todo en acaso,
en azar puro, soñándolo.
Y así, cuando se desdiga
de lo que entonces me dijo,
no me morderá el dolor
30 de haber perdido una dicha
que yo tuve entre mis brazos,
igual que se tiene un cuerpo.
Creeré que fue soñado.
Que aquello, tan de verdad,
35 no tuvo cuerpo, ni nombre.
Que pierdo
una sombra, un sueño más.

La esencialización dinámica se aprecia en dos momentos: en el de la primera parte, o sea el de la realidad —tiempo, espacio—, y, en el del sueño, de la realidad purificada internamente, de la segunda parte. En aquella parte la amada ha emitido, por primera vez, su voz hacia él. Esta verdad física, evidenciada por el día, la fecha y el lugar, parece mentira (versos 1-18). El amante temeroso de perderla, si la deja como realidad bruta, necesita purificarla viviéndola interiormente y soñándola (versos 19-24). Aquella verdad de color, fecha y lugar tiene que desnudarse en el sueño y en el ánima del amante que ahora prefiere sentir el efecto del azar más que el de la certeza lógica de la realidad externa.

Este carácter esencialmente dinámico de la poesía de Salinas no es, claro, privativo suyo, pues es uno de los efectos que puede producir un contexto metafórico y por tanto es común en otros poetas, sobre todo en los de su propia generación. Sin embargo, en su obra es aquél un elemento que adquiere énfasis y mayores proporciones. Salinas lo desea; lo quiere para dar expresión formal a su fundamental aventura hacia lo absoluto; para hacer comprender y sentir al lector con más potencia esa búsqueda intensa y obsesiva de la esencia y el alma de las cosas; para que el lector, vívidamente pueda seguir la marcha del poeta, por el camino del poema, hacia el más allá azaroso que es el infinito. La fuerza dinámica, sobre todo de su poesía amorosa, reforzada por la libertad formal del verso, produce ese carácter a veces discursivo, ese largo fluir poético que por otra parte está controlado por el gran poder metafórico suyo.

PLURALIDAD METAFÓRICA

En la estructura donde hay una pluralidad de metáforas, cada una de ellas es un auxiliar expresivo y, a la vez, un elemento enriquecedor del significado y trascendencia del poema; o sea, cada metáfora a más de reforzar el plano irreal de la otra metáfora lo aumenta y lleva a mayores consecuencias. En «Las hojas tuyas, di, árbol» de *Largo lamento* hay tres metáforas: la luz - la amada; el árbol - el amante; y el mar - el amante. Ya se sabe —por el estudio de la segunda parte del proemio de *La voz a ti debida* y «Estabas, pero no se te veía», del primer capítulo— que en la poesía amorosa de Salinas la amada es la luz que saca de las tinieblas al amante. Si la luz desaparece, es decir si la amada se va, el ser del amante volverá a la obscura calidad de sombra sin amor. Este es, básicamente, el tema del poema que aquí se estudia y que prueba la unidad que existe entre este libro (*Largo lamento*) con los restantes de la trilogía.

La primera parte, desarrollada con la metáfora del árbol, es la siguiente:

> Las hojas tuyas, di, árbol,
> ¿son verdes, estás seguro?
> ¡Qué alegría te corona
> por la mañana, a las once,
> 5 cuando ya no hay duda y todos
> dicen: «Qué verde está el árbol»!
> Los pájaros te lo afirman
> a gritos, desde las ramas
> cargadas de confianza
> 10 en el verdor que sustentan.
> Pero a la tarde la duda
> primera te va tocando
> como un pensamiento vago
> a una frente, desde lejos.
> 15 La duda viene primero
> indecisa, hecha matices,
> de rosa, de malva, tiernos:
> el crepúsculo es la duda.
> Cuando la sombra le mata
> 20 ya pareces todo negro.
> Camina
> por dentro, hacia tus raíces,
> la angustia de cómo eres.
> Tus hojas tiemblan, se tocan
> 25 a ver si así, por el tacto,
> de su verdor se convencen.
> Pero el tacto nunca enseña
> lo que es claro o es oscuro.
> Y así te pasas la noche
> 30 inseguro
> de tu misma primavera.
> La conciencia de tu ser
> —¿verde, negro, negro, verde?—

no la tienes tú, está lejos:
35   las esferas te la traen,
las esferas te la llevan.

Esta parte —dentro de la misma perspectiva dinámica estudiada— se subdivide en tres partes: el árbol por la mañana, por la tarde y por la noche. La progresión del día que pasando por la tarde llega a la noche corresponde a la progresión de la certeza del ser que pasando por la duda se pierde en su inconsciencia. Durante la mañana el árbol es y tiene conciencia de su ser (versos 1-10); los pájaros «lo afirman / a gritos» (versos 7-8). Su verdor es la expresión de la primavera del ser y su alegría. Con el atardecer ésta decrece con la duda que va aferrándose al ser y con la vaguedad e indecisión que sustituyen la claridad anterior. Cuando llega la noche la duda toma más cuerpo y el árbol pierde definitivamente la conciencia de su ser que ahora está lejos (verso 34), lejos con la luz del día que se ha ido a otras partes del mundo. La conciencia del ser, se deduce de todo esto, no depende del árbol sino de algo crucial y externo a él.

En la segunda parte se desarrolla la metáfora del mar para expresar la misma idea:

Y tú, mar quieto, ¿qué eres?
¿Eres azul, verde, gris?
¿Eres un alma serena
40   que das paz al que te busca?
Qué a gusto estás cuando crees
que el azul tuyo ya es tuyo,
que los ojos que te miran
por tu alegría se alegran;
45   cuando no tienes secretos
y el que se acerca a tu orilla
ve, igual que ve en la mirada
el que quiere del que quiere,
lo que buscaba, hasta el fondo.

50 Pero luego, al par del cielo,
te vuelves inquieto, gris.
Empiezas a desdecirte
de la promesa que hacías
de entregarte al que viniera
55 a mirarte muy despacio
igual que un amor. ¿No puedes
cumplir eso que ofrecías?
No, no puedes: desde el cielo
algo que no es tuyo rige
60 tu color y tu alegría.
Y por eso tiemblas tanto
a la noche; es que no sabes
lo que vas a ser mañana,
si serás gozo o tormento,
65 hasta que amanezca el día
y tu color se decida.

Como en el caso anterior, el azul del ser del mar se define
con la luz del día y por eso el azul del ser se torna gris
con la noche. El desarrollo de esta parte es inferior al de
la primera por un defecto. Refiriéndose Salinas a tres colores al principio de esta parte —«¿Eres azul, verde, gris?»
(verso 38)— vuelve luego tan sólo sobre el azul y el gris
quedando el verde desconectado. Cuando Salinas dice que
le tiembla el mar a la noche (versos 61-62), está refiriéndose,
como siempre, a dos aspectos: el mar que le tiembla «tanto / a la noche» porque con ella se ha de ir la conciencia de
su ser y porque físicamente con la noche, que sube la marea,
se vuelve turbulento. El temblor del mar por la noche se
contrapone así al estado sereno suyo durante el día y tan
sereno que el mar es un alma que da paz al que lo contempla (verso 40). Se han expresado acertadamente con la metáfora del mar tranquilo por el día y turbulento por la noche,

los dos estados antitéticos del ser: su serenidad, su paz, y
su intranquilidad dependientes de la luz y de la noche.

La tercera parte es la síntesis integrante de las dos primeras:

> Y entonces yo, ¿cómo yo
> voy a saber lo que soy,
> que tengo el alma tendida
> 70 delante del cielo mío
> con el mar del suyo? ¿Yo
> que tengo el ansia lo mismo
> que las ramas esperando?
> ¿Cómo voy a prometerte
> 75 ser alegre, para siempre,
> ser todo de día, a ti
> que eres la luz decisiva?
> Alúmbrame y seré claro;
> no te quejes de mi pena
> 80 si es que tú no me iluminas.
> No me preguntes; tú tienes
> mi misma respuesta en ti:
> lo que tú me digas es
> lo que yo contestaría.
> 85 Yo solo nada soy; vivo
> de la vida que me mandas.
> Te doy pena si me das
> pena. Mi gozo va a ti
> cuando de ti viene a mí,
> 90 porque te debe la vida,
> y vuelve adonde nació.
> Si me preguntas si estoy
> salvado en la claridad,
> o perdido entre neblinas,
> 95 yo me callaré esperando
> a que te lo digas tú
> que das la luz y la quitas.

La amada, que es el amor por excelencia, es la luz aludida
a lo largo del poema y frente a ella, como el árbol y el mar,

está el amante cuya conciencia de ser depende del amor de aquélla. Las dos metáforas anteriores pasan a servirle a Salinas en la explicación de la situación positiva o negativa del amante al estar con o sin «la luz decisiva» (verso 77). En Salinas es constante esta tendencia a volver a utilizar en la última parte las imágenes manipuladas anteriormente, no sólo con el fin de cerrar la compacta estructura poética, sino porque con todas ellas ha de lograr mayor expresividad que con sólo una. La total dependencia del ser del amante en la amada es la idea principal que se elabora. La pena de no ser, o la alegría de ser, dependen del olvido o del amor, de la ausencia o de la presencia de la amada. Cuando se llega a esta parte del poema en que el amante se dirige a la amada, el lector se imagina que aquél, antes de llegar a ella, ha ensayado sus argumentos primero con el árbol y el mar y luego ha procedido con la amada; ahora sí él ya es capaz de dirigirse, seguro, a ella. El encanto del poema (reléaselo sobre todo desde el verso 67 hasta el 84) se refuerza con la forma casi coloquial (y equívocamente atrevida) con la que se dirige él a ella; es algo así como si ella no comprendiera la sencilla y lógica situación de él que ha de estar triste o alegre si es que ella está triste o alegre.

METAFORIZACIÓN DE METÁFORAS

En la pluralidad metafórica estudiada es preciso incluir la metaforización de metáforas que en parte recuerda a Góngora aunque con distintos propósitos. Góngora, con la metaforización de la metáfora, lo que busca es transformar al máximo la realidad de tal manera que ésta desaparezca, mientras que en el caso de Salinas no es sólo dar cuerpo a una idea sino proyectar el tema del amor hacia dos posiciones antitéticas. El poema que, entre muchos, sirve de ejemplo de esta práctica de Salinas es el último de *La voz a ti debida,* aquel poema que «a cada relectura sacude» a Jorge Guillén [4].

> ¿Las oyes cómo piden realidades,
> ellas, desmelenadas, fieras,
> ellas, las sombras que los dos forjamos
> en este inmenso lecho de distancias?
> 5 Cansadas ya de infinitud, de tiempo
> sin medida, de anónimo, heridas
> por una gran nostalgia de materia,
> piden límites, días, nombres.
> No pueden
> 10 vivir así ya más: están al borde
> del morir de las sombras, que es la nada.
> Acude, ven, conmigo.
> Tiende tus manos, tiéndeles tu cuerpo.
> Los dos les buscaremos
> 15 un color, una fecha, un pecho, un sol.
> Que descansen en ti, sé tú su carne.
> Se calmará su enorme ansia errante,
> mientras las estrechamos
> ávidamente entre los cuerpos nuestros
> 20 donde encuentren su pasto y su reposo.
> Se dormirán al fin en nuestro sueño
> abrazado, abrazadas. Y así luego,
> al separarnos, al nutrirnos sólo
> de sombras, entre lejos,
> 25 ellas
> tendrán recuerdos ya, tendrán pasado
> de carne y hueso,
> el tiempo que vivieron en nosotros.
> Y su afanoso sueño

---

[4] Jorge Guillén en Pedro Salinas, *Poemas escogidos,* edición prologada y dispuesta por Jorge Guillén, 3.ª ed., Madrid, Colección Austral, 1965, pág. 14.

30   de sombras, otra vez, será el retorno
a esta corporeidad mortal y rosa
donde el amor inventa su infinito.

Aquí hay dos metáforas: la de la sombra que son los amantes ausentes y la de las fieras que son las sombras. La metaforización metafórica consiste en la transformación de
los amantes ausentes en sombras y la de éstas en fieras.
Considerando lo que se dijo en el primer capítulo al estudiar el poema «Por la hierba» de Guillén, la metaforización
en el caso de este poema de Salinas consiste también en que
el plano real de la primera metáfora —las sombras— pasa
a ser el plano irreal del nuevo plano real metafórico —las
fieras. Pero también como en el poema citado de Guillén,
las fieras y las sombras son, en un nivel mayor, el plano real
del plano irreal metafórico: los amantes ausentes. Para
comprender mejor estas correspondencias y modalidades
técnicas es preciso discutir aquí las ideas del poema. Los
amantes separados, sin amarse, son sombras que padecen
mutuamente su ausencia[5]. Ella es el amor por excelencia,
pero, como bien dice Feal Deibe, «el amor no ama, quien
ama son las personas ('nosotros, sí, nosotros')»[6]. En este
sentido la amada que no ama es sólo amor, sin ser amante,
y por tanto ser que vive en un estado también de sombra, del
que ha de salir cuando llegue a ser amada y a la vez amante.
El amante, como se sabe ya por el proemio a *La voz a ti de-*

---

[5] Guillén y otros críticos han visto sólo esta idea de que las
sombras son los amantes que no se aman. Palley dice que las sombras son sólo «los recuerdos de su amor». Julian Palley, *La luz no
usada: La poesía de Pedro Salinas*, México, Colección Studium, 1966,
pág. 75. Esta última opinión falla y la primera peca por limitada
como se ha de ver a continuación.

[6] Feal Deibe, pág. 85. Para el estudio de las sombras en Salinas
véase Carlos Murciano, *Las sombras en la poesía de Pedro Salinas*,
Santander, Publicaciones La Isla de los Ratones, 1962.

bida, es una sombra anónima que saldrá de tal estado sólo cuando ella, amándole, le dé la calidad de ser para que exista. En el presente poema, como no se aman, los dos son sombras que necesitan cuerpo de amantes. Hay aquí una dualidad antitética: por un lado aparece la muerte de la sombra que es la nada y por otro el estado positivo de ser. Él le pide a ella desesperadamente que salve a las dos sombras de su muerte: de su nada (versos 9-12). ¿Cómo las ha de salvar? Dándoles cuerpo. Es decir —esto es lo más importante y paradójico— destruyéndolas y por tanto matando su calidad de sombras. Esta paradoja sólo es posible y produce su efecto a través de la metáfora de la sombra que, dentro del contexto del poema, estando al borde de la muerte (versos 10-11), ha de salvarse a través de su propia muerte, con la «corporeidad mortal y rosa / donde el amor inventa su infinito» (versos 31-32). La muerte de las sombras es su propia salvación, su propia vida. La paradójica situación se refuerza cuando el amante le pide a la amada que le ayude a buscar para la salvación de sus sombras de la nada «un color, una fecha, un pecho, un sol» (verso 15). La paradoja es que para la vida de la sombra es necesario su encarnación en un sol que precisamente con su luz la mataría. Sin embargo la relación es equívoca porque se puede explicar la situación también con el hecho natural de que para que haya sombra es necesario que haya luz. Esta misma paradoja, de la muerte como salvación, se desarrolla en *Razón de amor*, específicamente, en «Suicidio hacia arriba»[7]. La idea de la muerte como salvación es un mito religioso común que pasa en la poesía de Salinas a ser una paradoja poética que metafóricamente revitaliza aquel mito. La otra

---

[7] Véase Vicente Cabrera, «'Suicidio hacia arriba' de Pedro Salinas», *Romance Notes*, 13, núm. 2 (Winter, 1971), págs. 221-225.

metáfora, la de las fieras (verso 2), sirve para expresar el ansia feroz de las sombras que no se aman y que, como leones, «desmelenadas», desgreñadas, buscan carne (versos 16, 27) con que aplacar esa «enorme ansia errante» (verso 17), ese apetito de ser. Es decir que el ansia de los amantes ausentes (siendo sombras) es amarse y así dar cuerpo a su amor. Metaforizada, aquella ansia viene a ser el deseo de carne que sienten las fieras hambrientas, como por ejemplo los leones, que rugen por la presa, la carne. Queda sugerido el rugido con el primer verbo del verso inicial: «Las oyes cómo piden realidades». El acierto está entonces en la relación que hace el poeta entre la idea e imagen de la carne, y aun de «carne y hueso» (verso 27) y «pasto» (verso 20), con la imagen e idea de la fiera y, específicamente, con la de un león, por ejemplo. Se dice que puede ser un león por la imagen de la fiera «desmelenada» del segundo verso que luego de que se haya nutrido de esa carne, de ese pasto amoroso, encontrará, satisfecha, el «reposo» (verso 20). Se habrá notado que las dos metáforas expresan respectivamente los dos componentes conceptuales de la dualidad antitética del poema. Por un lado el «ser» amante y por otro la «nada». La metáfora de las fieras sirve para el primero y la de las sombras para el segundo. El poema se integra a su vez con las dos metáforas al constituir las fieras y las sombras el plano real del plano irreal metafórico de los amantes en su ausencia.

OBJETIVACIÓN Y PERSONIFICACIÓN

De las dos funciones capitales de la metáfora —servir de elemento estructurador del poema y medio efectivo de expresión de una idea— parece que ambas, por igual, han

quedado explicadas, supuesto que la discusión de la una es
la explicación de la otra por ser la metáfora la idea misma
hecha imagen. Ahora es necesario explicar en qué consiste
la efectividad de la metáfora como medio de expresión de
una idea o, mejor, por qué tal expresión es efectiva.

En el primer capítulo se dijo que la metáfora expresaba
una abstracción de manera concreta y concisa, es decir, la
abstracción era asimilada por el lector, gracias a la metáfora, a través de la inteligencia y de los sentidos a un mismo tiempo y concisamente. La objetivación o materialización es la primera forma sensible que la idea puede tomar
y luego viene la personificación que lleva la objetivación o
materialización a un grado mayor de expresividad.

> Yo no necesito tiempo
> para saber cómo eres:
> conocerse es el relámpago.
> ¿Quién te va a ti a conocer
> 5 en lo que callas, o en esas
> palabras con que lo callas?
> El que te busque en la vida
> que estás viviendo, no sabe
> más que alusiones de ti,
> 10 pretextos donde te escondes.
> Ir siguiéndote hacia atrás
> en lo que tú has hecho, antes,
> sumar acción con sonrisa,
> años con nombres, será
> 15 ir perdiéndote. Yo no.
> Te conocí en la tormenta.
> Te conocí, repentina,
> en ese desgarramiento brutal
> de tiniebla y luz,
> 20 donde se revela el fondo
> que escapa al día y la noche.
> Te vi, me has visto, y ahora,
> desnuda ya del equívoco,

de la historia, del pasado,
25 tú, amazona en la centella,
palpitante de recién
llegada sin esperarte,
eres tan antigua mía,
te conozco tan de tiempo,
30 que en tu amor cierro los ojos,
y camino sin errar,
a ciegas, sin pedir nada
a esa luz lenta y segura
con que se conocen letras
35 y formas y se echan cuentas
y se cree que se ve
quién eres tú, mi invisible.

El poema trata del momento en que él la conoció a ella por primera vez (versos 3, 16). Antes de ser amado él es una sombra que, con el amor de ella que es la luz (recuérdese el poema «Las hojas tuyas, di, árbol» de *Largo lamento*), toma conciencia de su ser. Con la luz de ella, él ya no necesita de la del sol para verla y sentirla presente aunque el resto de la gente no pueda verla (versos 30-37). Esta misma idea se mencionó en el capítulo primero cuando se estudió el poema de *Razón de amor*: «Estabas, pero no se te veía». La objetivación consiste en que la metáfora del relámpago (amada) en la obscuridad (amado) de la tormenta objetiviza el instante repentino (verso 17) en que ella le saca a él para que exista. Pero esta objetivación no es simple; está espectacularmente concebida (versos 16 y siguientes) y preñada de connotaciones. Es indiscutible que la visualización del encuentro de los amantes está elevada a una proporción sobrehumana que coincide perfectamente con la grandeza y exaltada figura de la amada; recuérdese cómo ella por connotación metafórica fue exaltada en el primer poema de *La voz a ti debida* estudiado ya en el primer capítulo. La llegada de ella es vista, sentida y escuchada aquí con la misma grandeza y terror que el golpe y destello del relámpago. Paradójicamente, el golpe del rayo, del relámpago, es mortífero y sin embargo da vida a la sombra del amante. El valor del verso 18, «en ese desgarramiento brutal», es incomparable puesto que fonética, conceptual y visualmente define el alcance de la idea expresada: el supremo instante del encuentro de los amantes. En la primera y en la última edición de este poema aparece el verso tal como se lo ha transcrito. González Muela, en su edición para Clásicos Castalia cree, equivocadamente, que «brutal» debe incluirse en el verso siguiente porque considera que la otra forma es una errata que «rompe la serie de octosílabos» [8]. Se ha de pensar más bien que sólo con la palabra «brutal» en el verso 18 la imagen del «desgarramiento» producirá el impacto y el efecto deseado en el lector. Por otra parte, la naturaleza endecasilábica de este verso —para así subrayar y resaltar la importancia de su contenido— rompe violentamente el ritmo octosilábico del poema. Es preciso anotar, como ya lo ha hecho Feal Deibe [9], que en la poesía de Salinas la forma del verso tiene mucho que ver con su contenido. En sus poemas amorosos, por ejemplo, el tú y el yo ocupan o un solo verso cada uno o ambos para acentuar su importancia. El último verso del proemio a *La voz a ti debida*: «Y era yo» definitivamente acentúa la importancia de su contenido que se refiere al feliz hecho de que la amada cuando tocó una sombra lo que hizo fue darle vida a ese «yo» del amante que se encontraba en la obscuridad de su no ser.

---

[8] Joaquín González Muela en Pedro Salinas, *La voz a ti debida y Razón de amor*, edición, introducción y notas de Joaquín González Muela, Madrid, Clásicos Castalia, 1969, pág. 61 nota.

[9] Feal Deibe, pág. 78.

Para comprender la objetivación y la personificación metafóricas al mismo tiempo, se puede estudiar el primer poema de *Largo lamento*:

LA FALSA COMPAÑERA

Yo estaba descansando
de grandes soledades
en una tarde dulce
que parecía casi
5 tan tierna como un pecho.
Sobre mí, ¡qué cariño
vertían, entendiéndolo
todo, las mansas sombras
los rebrillos del agua,
10 los trinos, en lo alto!
¡Y de pronto la tarde
se acordó de sí misma
y me quitó su amparo!
¡Qué vuelta dio hacia ella!
15 ¡Qué extática, mirándose
en su propia belleza,
se desprendió de aquel
pobre contacto humano,
que era yo, y me dejó,
20 también ella, olvidado!
El cielo se marchó
gozoso, a grandes saltos
—azules, grises, rosas—,
a alguna misteriosa
25 cita con otro cielo
en la que le esperaba
algo más que la pena
de estos ojos de hombre
que le estaban mirando.
30 Se escapó tan de prisa
que un momento después
ya ni siquiera pude
tocarlo con la mano.

Los árboles llamaron
35 su alegría hacia adentro;
no pude confundir
a sus ramas con brazos
que a mi dolor se abrían.
Toda su vida fue
40 a hundirse en las raíces:
egoísmo del árbol.
La lámina del lago,
negándome mi estampa,
me dejó abandonado
45 a este cuerpo hipotético,
sin la gran fe de vida
que da el agua serena
al que no está seguro
de si vive y la mira.

50 Todo se fue. Los píos
más claros de los pájaros
ya no los comprendía.
Inteligibles eran
para otras aves; ya
55 sin cifra para el alma.
Yo estaba solo, solo.
Solo con mi silencio;
solo, si lo rompía,
también, con mis palabras.
60 Todo era ajeno, todo
se marchaba a un quehacer
incógnito y remoto,
en la tierra profunda,
en los cielos lejanos.
65 Implacable, la tarde
me estaba devolviendo
lo que fingió quitarme
antes: mi soledad.
Y entre reflejos, vientos,
70 cánticos y arreboles,
se marchó hacia sus fiestas
trascelestes, divinas,

       salvada ya de aquella

       tentación de un instante

75 de compartir la pena

       que un mortal le llevaba.

       Aún volvió la cabeza;

       y me dijo, al marcharse,

       que yo era sólo un hombre,

80 que buscara a los míos.

       Y empecé, cuesta arriba,

       despacio, mi retorno

       al triste techo oscuro

       de mí mismo: a mi alma.

El amante solo —sin la amada— descansa en una «tarde dulce» al pie de un árbol (versos 1-10). Su dolor aumenta con la paulatina ida de la tarde que antes «fingió» quitarle a él la soledad (versos 65-68). Salinas asocia la ausencia de la amada con la de la naturaleza al desaparecer el día. La soledad dejada por la amada se exterioriza e intensifica con la otra soledad que consigo trae la noche al desaparecer la tarde, la «falsa compañera». Con la tarde se han ido el árbol, el agua y los pájaros que le acompañaban con sus «mansas sombras», sus «rebrillos» y sus «trinos», respectivamente (versos 8-10). Triste vuelve al fin el amante hacia sí mismo, hacia el «techo oscuro» de su alma (versos 81-84). Los cuatro últimos versos son significativos en este punto porque a través de ellos se visualiza al amante que, al anochecer, se recoge exhausto al techo de su casa que es su alma. Se dice que retorna «cuesta arriba» para insinuar la dureza espiritual y física de su presente situación que sin el amor se vuelve agotadora. No hay duda de que este poema es en verdad por el tema, por la forma y por el tono un largo lamento que justifica plenamente el título del libro respectivo. El abandono de la tarde y de toda la naturaleza se ha intensificado al máximo por la personificación llevada a cabo con todas las imágenes.

La metáfora principal es la de la tarde-amada que abandona al amante en la obscuridad de su inconsciencia de ser. (Recuérdese el poema anterior sobre esta idea de la sombra.) La objetivación está realizada en la representación metafórica de la amada a través de la tarde. Pero esto no es todo. La objetivación avanza más, al ser la tarde personificada como «la falsa compañera» que fingió quitarle al amante su soledad, acompañándole, pero que se la devuelve intensificándola. La personificación de la tarde le llevó a Salinas —para mayor efectividad expresiva— a la personificación de la naturaleza con el árbol egoísta, cuya «vida fue / a hundirse en las raíces» (versos 39-41), del lago que le abandonó negándole su estampa (versos 42-44) y de los pájaros que se callaron agravando su silencio y soledad. Es interesante ver y sentir cómo Salinas llega a la expresión máxima del dolor del alma frente a su soledad con la elaboración del miedo a romper con sus propias palabras el silencio que le acompaña. ¿Por qué? Porque hablando, él sabe, ha de perderlo y quedarse así más solo que antes (versos 56-59). La personificación no es sólo un modo más de objetivación sino también un elemento que en cada caso logra mayor definición de la idea y mayores posibilidades connotativas. En el poema que se estudia, por ejemplo, el dolor causado por la soledad se subraya debido al contexto poético adecuado de cosas que humanizadas hacen más efectiva y sentida la soledad del amante; metafóricamente son seres y no cosas los que le abandonan y le rechazan. Las cosas, humanizadas, actúan como seres que, puestos de acuerdo, conspiran contra el amante, haciéndole finalmente su víctima; de aquí es de donde emana ese tono triste del poema que en definitiva es un lamento.

La objetivación y la personificación logradas con la metáfora no son, claro, propias sólo de estas obras; a lo largo de la producción de Salinas es posible hallar estos recursos poéticos respondiendo en cada caso a otros propósitos, no sólo en relación con el poema en sí sino con la filosofía y el arte mismo de su autor. El poema 16 de *Presagios* es el siguiente:

> Arena: hoy dormida en la playa
> y mañana cobijada
> en los senos del mar:
> hoy del sol y mañana del agua.
> 5 A la mano que te oprime
> le cedes blanda
> y te vas con el primer viento
> galán que pasa.
> Arena pura y casquivana,
> 10 novia versátil y clara, te quise por mía
> y te estreché contra el pecho y el alma.
> Pero con olas y brisas y soles te fuiste
> y me quedé sin amada,
> con la frente dada al viento que me la robaba,
> 15 y la vista al mar lejano donde ella tenía
> verdes amores en verde posada.

Salinas para dar cuerpo a la abstracción de la fugacidad de la vida y de las cosas ha escogido la metáfora apropiada de la arena, tan pequeña e insignificante que coincide con la brevedad de su significado (vida). Pero Salinas no se ha quedado sólo con la objetivación de la abstracción sino que ha avanzado hasta la personificación de la arena haciéndola una mujer versátil, inconstante y así introduciendo en el poema una nueva dimensión temática: la del amor. La personificación de la arena le lleva a Salinas también a la del mar, del sol y del viento que convirtiéndose en galanes de esta amada inconstante crean una nueva perspectiva temática: la de la soledad final en la que queda el amante (versos 12-16). La fugacidad de la vida, la ausencia del amor y la soledad final que equivale a la de la muerte son efectivas sólo en virtud de las varias metáforas y la soledad en particular —como en el caso del poema anterior— se refuerza con la personificación de los varios componentes del poema. La personificación aquí da cuerpo a la abstracción abriendo otras posibilidades temáticas que suponen un enriquecimiento mayor del poema. Es importante el verso 11 por su carácter integrador, «te estreché contra el pecho y el alma»; la vida, aunque está bien guardada y estrechada con amor, entre el alma y el cuerpo del individuo, sin embargo se escapa. La impresión general que se saca del poema es paradójicamente doble: por una parte se nutre de una frivolidad evidente tanto por el ingenioso juego poético de una cosa tan insignificante (la arena) como por el carácter inconstante y versátil de la amada, y, por otra, de un dolor y miedo frente al tema capital: la vida que se va y el dolor final que queda. El poema es así entonces un lamento y un juego técnico que encanta. La personificación de la arena posee una función importante (además de las ya anotadas, como expandir el mundo de las ideas) que tiene que ver con la visión de Salinas frente a la realidad. Para él ésta es una posibilidad poética, materia imperfecta, que necesita de la palabra del artista para perfeccionarse[10]. Salinas en esa realidad perfectible encontrará lo que comúnmente se considera insignificante como lo más valioso, como lo más rico en potencial poético[11]. La personificación de esa mínima realidad es

---

[10] Pedro Salinas, *Reality and the Poet in Spanish Poetry*, Baltimore, The Johns Hopkins Press, 1966, pág. 4.

[11] Véase el estudio de este comentario de Salinas en Andrew P. Debicki, *Estudios sobre poesía española contemporánea: La generación de 1924-1925*, Madrid, Gredos, 1968, págs. 57-59.

la expresión del sorprendente encanto del poeta. Por otra parte con la inesperada personificación el lector se sacude al ver las cosas más ínfimas elevarse a un modo supremo de expresión poética.

ESTÉTICA DE LO GEOMÉTRICO Y FUSIÓN DE IMÁGENES TRADICIONALES Y MODERNAS

«Radiador y fogata» de *Fábula y signo* es otro ejemplo del fenómeno técnico que se acaba de estudiar y también de otros aspectos metafóricos como la estética de lo geométrico y la fusión de imágenes tradicionales y modernas.

RADIADOR Y FOGATA

Se te ve, calor, se te ve.
Se te ve lo rojo, el salto,
la contorsión, el ay, ay.
Se te ve el alma, la llama.
5 Salvaje, desmelenado,
frenesí yergues de danza
sobre ese futuro tuyo
que ya te está rodeando,
inevitable, ceniza.
10 Quemas.
Sólo te puedo tocar
en tu reflejo, en la curva
de plata donde exasperas
en frío
15 las formas de tu tormento.
Chascas: es que se te escapan
suspiros hacia la muerte.

Pero tú no dices nada
ni nadie te ve, ni alzas

20 a tu consunción altares
    de llama.
    Calor sigiloso. Formas
    te da una geometría
    sin angustia. Paralelos
25 tubos son tu cuerpo. Nueva
    criatura, deliciosa
    hija del agua, sirena
    callada de los inviernos
    que va por los radiadores
30 sin ruido, tan recatada
    que sólo la están sintiendo
    con amores verticales,
    los donceles cristalinos,
    Mercurios, en los termómetros.

El tema del poema es el alma. Los subtemas son la muerte
en la primera parte y la vida en la segunda. Salinas en *Fábu-*
la y signo —como en el resto de su obra— se preocupa por
llegar al alma del mundo, a ese más allá absoluto, alcanza-
ble tan sólo por el arte, con la luz eterna del poema. ¿Qué
ve Salinas en el radiador y en la fogata? Dos cosas: primero,
un medio de expresión al usarlos como metáforas y, segundo, realidades comunes y ordinarias de las cuales se puede
extraer poéticamente una realidad más esencial. La estructura metafórica es la siguiente: la fogata (cuerpo), la llama
(alma), el calor (vida); el radiador (cuerpo), el agua (alma),
el calor (vida). Las dos metáforas principales para expresar
el alma (plano irreal) son la llama y el agua (plano real).
Queda establecido con las dos metáforas: la llama y el agua
(elementos por naturaleza contrarios) el carácter antitético
entre la primera parte del poema que trata de la muerte y
la segunda que trata de la vida. Se podría decir entonces
que el calor de la fogata es calor de muerte y el del radiador
calor de vida, con el cual se identifica Salinas. Mientras en

el radiador el alma está corriendo «callada» (verso 28) «sin
angustia» (verso 24), «sin ruido» y «recatada» (verso 30), en la
fogata el alma está inquieta por la inminente presencia de
la muerte manifiesta en la inquietud de la contorsión (verso 3), el tormento (verso 15) y los suspiros de la llama
(verso 17). La serenidad del alma callada, concebida como
una sirena, contradice la concepción tradicional de las sirenas que cantan. Salinas usó la imagen, así, deshaciéndola de
su significado o característica usual para asignarle una con-
traria y, aún más, para sorprender al lector con los amantes
«donceles» de las sirenas que, también, se hallan corporei-
zados por los tubos de los termómetros que, verticalmente,
coinciden con el otro cuerpo del radiador, asimismo vertical,
por el cual pasa el calor amoroso del agua. La serenidad
absoluta del alma y del tono general de la segunda parte se
logra objetivizar no sólo porque la metáfora es apropiada
—el agua— sino sobre todo por la estética de lo geométrico
desarrollada al definirse el cuerpo exacto, firme, paralelo y
sereno del radiador personificado en oposición a la variable
forma de la fogata también personificada. Además de la estética de lo geométrico —aspecto importante de la poesía de
Salinas— se encuentra en este poema la ingeniosa yuxtaposición de imágenes tradicionales con modernas, de imágenes
generalmente tenidas como poéticas con otras opuestas de
carácter mecánico, técnico y científico. Lo sorprendente en
este tipo de poesía es que en el mundo de los radiadores y
de los termómetros hay sirenas y donceles que coexisten
bellamente [12]. Esta «coquetería», como llama Spitzer a esta
práctica poética, no es sólo un juego de ingeniosidad, sino,

---

[12] Para un estudio de las imágenes modernas, mecánicas, véase Paul
Ginestier, *The Poet and the Machine*, Chapel Hill, The University of
North Carolina Press, 1961. El estudio de la sorpresa de estas metá-
foras se encuentra en el capítulo séptimo.

sobre todo, un medio por el cual se lanza el poeta en busca de la justa expresividad para su intuición poética [13]. Para terminar el estudio de la fusión de imágenes tradicionales con las modernas en este poema y para su aplicación en cualquier otro, es preciso indicar que con ellas se crea una tensión lingüística que sorprende. Se poetizan simultáneamente las imágenes por la pérdida de afectación de la tradicional (sirena) y por la ganancia poética y expresiva de la moderna (termómetro). Esta tensión lingüística produce a su vez otra: la tensión intelectual y sensible en el lector [14]. Estas prácticas, volviendo a la poesía amorosa, pueden ser probadas perfectamente con el poema antes estudiado: «¡Sí, todo con exceso» de *La voz a ti debida*, donde coexisten matemáticas con amor, «tablas, plumas y máquinas» con «luces, vidas y mares», cómputos y cálculos con besos y caricias. Si para Salinas la palabra «máquina» es tan poética como «beso» lo que sucede es que para él la palabra, sí, en general la palabra, es medio de expresión poética. En este sentido se puede decir que Salinas no tiene un lenguaje poético especial; su lenguaje poético es la lengua en su totalidad, la lengua que se enriquece día a día con el avance de la vida. El poeta es quien ha de inyectar fuerza figurativa en las palabras que, como «máquina», «radiador», no la tuvieron ante el hombre común: el hombre que sólo encontraba poéticas palabras como «beso», «caricia», etc. Otro buen ejemplo de la fuerza expresiva de lo geométrico y de términos de la industria y el mundo moderno es este poema de *Largo lamento*:

---

[13] Spitzer, pág. 206.
[14] Spitzer se refiere más o menos al mismo asunto, pág. 206, pero no lo explica como un caso de tensión lingüística que produce otra tensión intelectual y sensible en el lector.

De entre todas las cosas verticales
en que el mundo revela
su parecido con la llama, anhelo
de vivir hacia arriba o no vivir,
5   lo que yo ahora te ofrezco a la memoria
no son los delicados rascacielos
con túnicas a cuadros,
de luz y sombra, por la noche, coro
de lánguidos y esbeltos Arlequines
10   en el aire ambicioso de Manhattan.
No son las almas de pasadas ninfas
que a su inmortalidad han ascendido,
por fin, en los jardines disfrazándose
de surtidores, y que en estos cuerpos
15   nuevos y de cristal, ya traspasaron
las leyes de la carne y su fatiga
y eternizan la danza contra el tiempo
dando envidia a las flores que se cansan.
No las metálicas escalas
20   por donde suben bajo cascos épicos
los caprichos, vestidos de bomberos,
a salvar en el piso veinticuatro
de la más alta casa de muñecas
a algún alma cansada,
25   que se ha quedado allí
dormida por descuido, y sin salida.
Ni es la palmera, ni es
la verticalidad que más nos duele,
la de estar solos, solos, solos, solos.
30   Rectos como los faros, apagados.
Porque la soledad es la absoluta,
vertical, ya sin luz, sin hojas, de este mundo.
No. Lo que te recuerdo
son dos voces. Dos voces, una noche,
35   de dos seres tendidos,
allí, en la misma cama.
Y hablaron: y sus cuerpos,
los derribados troncos
de donde ellas nacían,

40 seguían boca arriba, separados,
    sin volverse uno a otro,
    por no alterar la vertical pureza
    de su paralelismo por el aire
    oscuro de las tres de la mañana.
45 Se hablaban, sin mirarse,
    como si aún estuvieran
    inmensamente aparte, distanciados.
    Los ojos esperaban,
    ya todos preparados a su gozo,
50 si una luz encendía alguna mano:
    mas nadie la encendió, los dos siguieron,
    prefiriendo no verse.
    Los labios y los brazos
    en el umbral temblaban
55 del hermoso camino violento
    que el cuerpo sigue tantas veces.
    Y ninguno besó. La forma última
    del amor, esa noche,
    era estarse muy quietos, en lo oscuro,
80 para fingir que ya tan sólo
    dos limpias voces, puras, paralelas,
    quedaban de sus vidas, de sus ansias.
    Habitantes, por fin, del paraíso
    donde sin pena o condición de carne,
65 de color o de nombre, de fecha o de sollozo,
    las voces verticales
    de los que tanto amaron torpemente,
    echados, sobre el mundo,
    puestas en pie, derechas
70 igual que llamas de su propia lumbre
    traspasan las mortales fronteras
    que de sí mismas arden, silenciosas,
    se dicen lo que tienen que decirse
    sin encender las luces de sus cuerpos.

El amante quiere ofrecerle a la memoria de la amada algo
del mundo que por su verticalidad se parezca a la llama

(versos 1-5). No es un rascacielos de Manhattan (verso 6), un surtidor, una escalera metálica de bombero (verso 19), ni una palmera solitaria (verso 27), sino dos voces amantes (verso 34) que, superando la mortalidad de los cuerpos de donde brotan, consiguen elevarse hasta lo eterno que es su paraíso. Llegan las voces amantes al mundo paradisíaco por el amor y la muerte que pone fin feliz a los límites del cuerpo: espacio y tiempo. La construcción metafórica se levanta sobre la estética de lo geométrico para precisar la expresión del tema de la ascensión del alma al paraíso amoroso. Salinas manipula la verticalidad y horizontalidad de los amantes. Éstos están en la cama acostados, es decir están en posición horizontal que corresponde en este poema (como en «Suicidio hacia arriba» de *Razón de amor*) tanto a la posición del amor como a la de la muerte de los cuales están hoy participando los amantes. Las voces últimas, símbolo del alma, ascienden paralelas y verticales a las tres de la mañana, en medio del aire obscuro del mundo (verso 44). La hora y esa obscuridad son significativas. Las tres en el reloj define la posición de los amantes y sus voces porque un puntero —en posición vertical— señala hacia las doce y el otro —horizontal— hacia las tres. La obscuridad es propicia para el escape y vuelo del alma, hecho que evoca la «noche oscura» de San Juan [15]. En la primera parte del poema, Salinas insinuó la verticalidad (desarrollada en la segunda) con los rascacielos, las escalas, los surtidores, la palmera y los faros apagados. Los conceptos de eternidad y muerte amorosa llegan a un máximo de expresión artística con la

---

[15] Feal Deibe dice en general que «la revelación de un alma no es cosa que acontezca todos los días. Hace falta un clima especial para que ese acontecimiento se produzca. Tal clima, en el poema «35 bujías», es la noche. La bombilla derramará su luz (su alma) 'de noche, cerradas las ventanas, para que no la vean'», pág. 15.

estética de lo geométrico aludida en la primera y desarrollada en la segunda parte.

Las dos metáforas, de la palmera y del surtidor, usadas por su verticalidad, ya aparecieron en un poema de *Seguro Azar*: «Fecha cualquiera» cuyo fin es, como ha dicho muy bien Feal Deibe, ceñir lo lejano inmensurable y la fugacidad de la tarde a la exactitud de la línea [16]. En «Fe mía» de *Seguro Azar* lo geométrico cumple nuevas funciones. El poema es el siguiente:

FE MÍA

No me fío de la rosa
de papel,
tantas veces que la hice
yo con mis manos.
5 Ni me fío de la otra
rosa verdadera,
hija del sol y sazón,
la prometida del viento.
De ti que nunca te hice,
10 de ti que nunca te hicieron,
de ti me fío, redondo
seguro azar.

El tema es esa fe poética de Salinas en la esencia, el alma, la idea, que está más allá de la realidad común. Su fe no está en la rosa natural, ni en la artificial, pues son realidades limitadas [17]; él confía en la ideal que no está sujeta a ninguna contingencia. Esta rosa, a su vez, es el «redondo / seguro azar» (versos 11-12). Su redondez es paradójica y connotativa porque siendo el azar una abstracción de lo inseguro es redonda y cierta como la redonda certeza del mundo. O

---

[16] Feal Deibe, pág. 30.
[17] Guillén en Salinas, *Poemas escogidos*, pág. 11.

sea «redondo» es el paradójico adjetivo de la seguridad del azar y a la vez es medio expresivo preciso y visual de la abstracción de lo inseguro; aparece al ojo del lector un redondo azar al que con fe Salinas se entrega de redondo. Cuando éste dice que la rosa natural es la prometida del viento, está definiendo el carácter inestable de la rosa, incapaz por tanto de ser la depositaria de la fe del poeta. (Recuérdese el poema en que la arena es amante versátil e inconstante.)

REVITALIZACIÓN METAFÓRICA

Salinas en algunos de sus poemas —sobre todo en los de la primera época que según Guillén va hasta *Fábula y signo*— procede a revitalizar clichés y metáforas que por su uso común y habiendo así perdido su inicial fuerza poética se han incluido en el lenguaje ordinario. Esta forma especial de expresión, efectiva e ingeniosa, consiste en que si bien se mantiene el significado común inicial, por el cual está muerta, se incluye uno nuevo que considerado en sí produce un efecto y considerado en relación con el anterior produce otro distinto.

> «Este hijo mío siempre ha sido díscolo...
> Se fue a América en un barco de vela,
> no creía en Dios, anduvo
> con mujeres malas y con anarquistas,
> 5 recorrió todo el mundo sin sentar la cabeza...
> Y ahora que ha vuelto a mí, Señor,
> ahora que parecía...»
>
> Por la puerta entreabierta
> entra un olor a flores y a cera.
> 10 Sobre el humilde pino del ataúd el hijo
> ya tiene bien sentada la cabeza.

Todo el efecto de este poema está en sus dos últimos versos que revitalizan la metáfora muerta: «sentar la cabeza» (verso 5). El prosaísmo de la primera parte se redime con la ingeniosidad llevada a cabo en la segunda, en la cual la revitalización se cumple al saber que la cabeza de aquel anarquista y putañero está bien sentada «sobre el humilde pino del ataúd» (versos 10-11). Se refuerza la ironía con la forma adverbial «bien» que equivale a la mortal quietud definitiva del individuo. Aquel «humilde pino» equívoco por un lado se refiere al ataúd y por otro al asiento en donde esa cabeza andariega se ha quedado sentada, descansando, para siempre. El proceso poético en este caso es el siguiente: Salinas ha elaborado su poema sobre una metáfora muerta que manteniendo su original significado sirve para expresar uno nuevo. La ironía proviene de la tensa incongruencia de estos significados expresados por la misma metáfora. La sorpresa que, como se indicó en el primer capítulo, es una de las consecuencias de la naturaleza de la metáfora está por otro lado conseguida en la susodicha incongruencia conceptual.

En la poesía amorosa esta práctica continúa. En el primer capítulo quedó explicada la metáfora muerta de los ojos de la amada como soles del segundo poema de *La voz a ti debida* en relación con «Estabas, pero no se te veía» de *Razón de amor*. Hay dos ocasiones en las que la expresión metafórica «clavar los ojos» se utiliza: en «¡Ay, cuántas cosas perdidas» y «Lo que eres» de *La voz a ti debida*. Este último poema a más de «clavar los ojos» desarrolla la expresión común: «lanzar la palabra».

> Lo que eres
> me distrae de lo que dices.
>
> Lanzas palabras veloces,

empavesadas de risas,
5 invitándome
a ir adonde ellas me lleven.
No te atiendo, no las sigo:
estoy mirando
los labios donde nacieron.

10 Miras de pronto a lo lejos.
Clavas la mirada allí,
no sé en qué, y se te dispara
a buscarlo ya tu alma
afilada, de saeta.
15 Yo no miro adonde miras:
yo te estoy viendo mirar.

Y cuando deseas algo
no pienso en lo que tú quieres,
ni lo envidio: es lo de menos.
20 Lo quieres hoy, lo deseas;
mañana lo olvidarás
por una querencia nueva.
No. Te espero más allá
de los fines y los términos.
25 En lo que no ha de pasar
me quedo, en el puro acto
de tu deseo, queriéndote.
Y no quiero ya otra cosa
más que verte a ti querer.

El amante sólo quiere de ella su ser, su tú; a él no le interesa lo que ella ve o dice. Tampoco le interesa lo que ella quiere sino el «puro acto» de su deseo (versos 26-27). Es decir que él ansía la esencia de ella, su ser, y no sus actos. La metáfora «lanzar las palabras» (verso 3) le lleva a Salinas, conformando el contexto metafórico de arcos y flechas, a la otra derivada: «clavar la mirada» (verso 11). Ellas quedan mutuamente revitalizadas. La idea que expresan figurativamente es que él no se distrae siguiendo las flechas de las palabras y la mirada que van hacia el blanco de algo sino que se queda con el ser que las lanzó. El verbo «seguir» (verso 7) se usa aquí como acción de seguir la mirada-flecha y también como acto de seguir con la mente el hilo de la conversación, de las palabras. Se explican del mismo modo los equívocos «se te dispara» (verso 12), «afilada... saeta» (verso 14).

Es frecuente, también, encontrar en la poesía de Salinas construcciones ordinarias, como «cuesta abajo», que, para intensificar las connotaciones, son rehechas. En «¡Si me llamaras, sí» el amante espera escuchar la voz de la amada que como luz bajará en torrente, «telescopios abajo», de los cielos. En «Los puentes» de *Largo lamento* se repite el caso con la curiosa y audaz construcción: «mejillas abajo» para sugerir el intenso dolor de la amada expresado asimismo en el torrente de sus lágrimas que baja de sus ojos. En «Como ya no me quieres desde ayer» del mismo libro se ve a la primavera viniendo «en rápidos trineos, marzo abajo» a llenar el mundo de colores. Se podría añadir a esta parte aquella constante forma poética que, parecida a la ya estudiada consiste en la reconstrucción de otros modos sintácticos usuales como «tropel de gente» o «bandada de palomas» que Salinas usa para la animación de conceptos e inyectar a su vez pertinentes y ricas connotaciones. En el poema ya estudiado «¡Sí, todo con exceso» se ve salir un «tropel de ceros» a asaltar a las esbeltas unidades o dichas, y llevarlas a su cima. En «No te guardes nada, gasta» de *Razón de amor* el amante pide a ella que derroche y deje volar libres por los cielos a sus dichas, gozos y esperanzas. Éstos no se acabarán nunca porque en las manos de ella se sienten «bandadas / de porvenir / ... de arrebatos y de calmas». En ambos casos las nuevas construcciones sintácticas enriquecen la expresión a la vez que producen el impacto de sorpresa al encontrar una expresión desmembrada y completada con un elemento radicalmente diferente del usual.

AMBIGÜEDAD

Hablar de este aspecto en la poesía de un autor es referirse a una variedad de elementos constitutivos, a una variedad de efectos provenientes de la metáfora, de la forma general de un poema. Estos efectos que conforman la ambigüedad, tan importante en la obra de arte, y así en la poesía de Salinas, son: la ambivalencia o el equívoco, la paradoja, la tensión conceptual y emocional proveniente de la distribución del tema, y la ironía[18]. Cada uno de estos conceptos quedaron explicados en los varios problemas estudiados. La ambivalencia o el equívoco se encontró por ejemplo en «Las hojas tuyas, di, árbol» en que el mar (amante) tiembla por la noche y se vuelve sereno con la luz del día y de la amada. La paradoja constituye la esencia de «¡Sí, todo con exceso» en que el número es límite e infinito; y en «¿Las oyes cómo piden realidades?» en que las sombras buscan a través de su muerte su propia salvación. La ironía emana en «'Este hijo mío siempre ha sido díscolo» de la incongruencia entre el significado original y el nuevo asignado a la metáfora muerta. El fenómeno de la tensión es general, pues proviene de la paradoja, de la ironía, del equívoco y de la confrontación de las imágenes tradicionales y modernas que por su parte producen otra tensión lingüística, intelectual y emocional.

---

[18] La crítica se ha referido a estos conceptos como elementos asociados con la ambigüedad en el arte. Winifred Nowottny, *The Language Poets Use*, London, The Athlone Press, 1962, pág. 147.

Del estudio de la metáfora en la poesía de Salinas, es posible llegar a las siguientes consideraciones finales. El poeta se vale sobre todo de la metáfora para la expresión de su intuición y la estructuración de sus poemas. En cuanto a lo primero lo que busca es expresar la idea de manera exacta y efectiva tanto manipulando una metáfora con una constelación de imágenes subalternas como una pluralidad metafórica en que cada metáfora expresa una idea común e introduce nuevas posibilidades interpretativas que enriquecen el alcance total del poema y acentúan la ambigüedad respectiva. En una y otra estructura poética la abstracción toma cuerpo, se objetiviza, y aun se personifica, para introducir una adicional fuerza expresiva visual y dramática del concepto poetizado. Responde esta personificación metafórica también a la visión de Salinas frente a la realidad, esa realidad relativa que con la palabra ha de alcanzar categoría absoluta. Lo significativo es que aquí aquella realidad es medio expresivo y tema al mismo tiempo. Personificado lo insignificante, el pasmo y el amor del poeta por aquello logran perfecta expresión. El dinamismo, tan importante en su obra, es la formalización de la idea de la aventura, del viaje azaroso del poeta hacia lo absoluto. Siendo el dinamismo un elemento expresivo y formal, el poema se convierte en una realidad única de consistencia orgánica. En la pluralidad metafórica participa la yuxtaposición audaz de metáforas dispares, pertenecientes a la tradición poética y a la mecánica moderna. En esta yuxtaposición tensa la imagen tradicional disminuye su carácter poético forjando uno nuevo para la segunda. Así, si por un lado hay gacelas y por otro trenes, la primera imagen pierde parte de su matiz ultrapoético, casi trillado, para elevar la segunda a un sorprendente nivel poético excepcional. Con fines asimismo de expresión justa es común en Salinas la estética de lo geométrico y de las matemáticas, que siendo juegos de la imaginación, son, sobre todo, medios que forjan una mayor cristalización del tema. La ambigüedad, posible tanto en el poema en sí cuanto en la obra en general, proviene de varios logros metafóricos, tales como la paradoja, el equívoco, la ironía y la tensión. Todos estos son elementos que componen la forma: vía única que el crítico ha de seguir para la más completa comprensión del tema y, en última instancia, del ser mismo del poeta dado que la metáfora es el ser de su creador hecho palabra.

IV

EL DESARROLLO METAFÓRICO EN ALEIXANDRE

Así como en el estudio sobre la metáfora en la poesía de Salinas sirvieron de eje sus tres obras de tema amoroso, en este capítulo serán dos: *La destrucción o el amor* y *Sombra del paraíso*, los libros desde los cuales se enfocarán los varios aspectos metafóricos de la poesía de Vicente Aleixandre.

UNA METÁFORA PARA DOS IDEAS
CONTRARIAS Y COMPLEMENTARIAS

En la poesía de Aleixandre es frecuente encontrar: I) poemas construidos con una sola metáfora fundamental y una constelación de imágenes que giran alrededor de aquélla, y II) poemas en que la misma metáfora expresa dos ideas contrarias pero complementarias que integran la visión total de la obra a la que pertenecen. Para estudiar estos fenómenos y, sobre todo, determinar los procedimientos y resultados típicos de Aleixandre, pueden ser utilizados los siguientes ejemplos: «Sierpe de amor» y «Como serpiente» de *Sombra del paraíso*.

I

SIERPE DE AMOR

Pero ¿a quién amas, dime?
Tendida en la espesura,
entre los pájaros silvestres, entre las frondas vivas,
rameado tu cuerpo de luces deslumbrantes,
5 dime a quién amas, indiferente, hermosa,
bañada en vientos amarillos del día.

Si a tu lado deslizo
mi oscura sombra larga que te desea:
si sobre las hojas en que reposas yo me arrastro, crujiendo
10 levemente tentador y te espío,
no amenazan tu oído mis sibilantes voces,
porque perdí el hechizo que mis besos tuvieran.

El lóbulo rosado donde con diente pérfido
mi marfil incrustara tropical en tu siesta,
15 no mataría nunca, aunque diera mi vida
al morder dulcemente solo un sueño de carne.

Unas palabras blandas de amor, no mi saliva,
no mi verde veneno de la selva, en tu oído
vertería, desnuda imagen, diosa que regalas tu cuerpo
20 a la luz, a la gloria fulgurante del bosque.

Entre tus pechos vivos levemente mi forma
deslizaría su beso sin fin, como una lengua,
cuerpo mío infinito de amor que día a día
mi vida entera en tu piel consumara.

25 Erguido levemente sobre tu seno mismo,
mecido, ebrio en la música secreta de tu aliento,
yo miraría tu boca luciente en la espesura,
tu mejilla solar que vida ofrece
y el secreto tan leve de tu pupila oculta
30 en la luz, en la sombra, en tu párpado intacto.

Yo no sé qué amenaza de lumbre hay en la frente,
cruje en tu cabellera rompiente de resoles,
y vibra y aun restalla en los aires, como un eco
de ti toda hermosísima, halo de luz que mata.

35   Si pico aquí, si hiendo mi deseo, si en tus labios
penetro, una gota caliente
brotará en su tersura, y mi sangre agolpada en mi boca,
querrá beber, brillar de rubí duro,
bañada en ti, sangre hermosísima, sangre de flor turgente,
40   fuego que me consume centelleante y me aplaca
la dura sed de tus brillos gloriosos.

Boca con boca dudo si la vida es el aire
o es la sangre. Boca con boca muero,
respirando tu llama que me destruye.
45   Boca con boca siento que hecho luz me deshago,
hecho lumbre que en el aire fulgura.

La amada está tendida y confundida en la espesura de un
bosque tropical lleno de pájaros, de música y de luz que
evoca, y ésta es una de las intenciones del autor, el paraíso
bíblico. El amante, que antes de ser amado, como en Salinas, es una «oscura sombra larga» (verso 8), desea ardientemente besarla y llegar así a la vida de luz amorosa (versos
45-46). Aleixandre, consciente del mundo paradisíaco que
quiere forjar en su obra, manipula la metáfora de la serpiente que, siendo ordinariamente asociada con la muerte
y el mal, pasa a ser el símbolo del amor y, así, de la muerte pero de la muerte no como un mal sino como un positivo
acto supremo de libertad y paradójicamente de entrega a la
naturaleza, realidad última del universo. Ya se tiene aquí
una metáfora que sirve para expresar dos ideas aparentemente contrarias, de muerte o amor. Pero en realidad hacia
donde se encauza parte de este estudio es hacia otro punto
parecido, más importante y significativo, como se verá lue-

go. ¿Creerá el lector, por el título del poema, que esa serpiente amorosa es la amada o el amante? La respuesta será que tal serpiente es la amada porque tal asociación (serpiente-mujer) es un lugar común que obliga a tal respuesta. Sin embargo, Aleixandre lo que hace es —y aquí está la sorpresa, elemento valioso en el arte— subvertir la relación simbólica tradicional haciendo de la serpiente el amante y de la amada su bella víctima, hecho éste que originará una serie de consecuencias que en último término enriquece el poema. La estructura de éste se ha complicado: junto a lo que se acabó de exponer está la idea de que el amante, antes de ser amado por la amada, es una sombra que vivamente desea morir, o sea, dejar de ser tal para hacerse luz como, efectivamente, acontece al final del poema (versos 45-46). Pero ¿cómo ha de conseguirlo? Picándole a la amada, besándola mortalmente (verso 35). Así ambos pasan a ser al mismo tiempo víctimas y victimarios amorosos, hecho que en definitiva reitera artísticamente la identificación y fusión substancial del amor o la vida con la muerte. La amada está dormida en la espesura silvestre y dice él que si la mordiera, mordería «un sueño de carne» (verso 16). Esta situación de sueño es importante para definir el alcance del poema por tres razones: 1) El sueño de ella en la siesta se compagina con el vuelo de la imaginación del amante frente a la amada contemplada. Todo el poema —con la excepción de las dos estrofas finales— desarrolla lo que el amante, al contemplarla, se imagina o sueña; todo cuanto él conseguiría si la besara y ella fuera suya. Básicamente, las siete primeras estrofas del poema se construyen con el futuro condicional; se actualiza la acción poética en las dos finales donde el sueño o lo imaginado se realiza y verbaliza en el tiempo presente. 2) La presencia de la serpiente frente a una víctima dormida es en sí un elemento de gran potencia su-

gestiva y de tensión para la atmósfera apropiada del poema.
3) El protagonista poemático en la obra de Aleixandre
—como se ha de ver luego en este capítulo— no es un ente
primariamente contemplador sino, sobre todo, un palpador
o sentidor que, con sus manos, labios y todo el cuerpo, se
lanza a poseer la carne del mundo. Por eso tal contemplación previa termina en la posesión dulcemente bestial del
cuerpo amado definiéndose, por otra parte, el amor elemental, de la pasión, que caracteriza la obra de Aleixandre. ¿Cuál
es ahora la relación entre amor-pasión y fusión universal?
Aquél es el medio para llegar a ésta. Los amantes al amarse
se funden en una nueva realidad substancial que a su vez es
parte integrante de la realidad universal del mundo. Se han
de explicar y desarrollar más ampliamente estos puntos
cuando se hayan de analizar otros poemas, sobre todo de
La destrucción o el amor.

II

La metáfora de la serpiente reaparece en otro poema del
mismo libro, *Sombra del paraíso.*

COMO SERPIENTE

Miré tus ojos sombríos bajo el cielo apagado.
Tu frente mate con palidez de escama.
Tu boca, donde un borde morado me estremece.
Tu corazón inmóvil como una piedra oscura.

5   Te estreché la cintura, fría culebra gruesa que en mis
      dedos resbala.
Contra mi pecho cálido sentí tu paso lento.
Viscosamente fuiste sólo un instante mía,
y pasaste, pasaste, inexorable y larga.

10   Te vi después, tus dos ojos brillando
tercamente, tendida sobre el arroyo puro,
beber un cielo inerme, tranquilo, que ofrecía
para tu lengua bífida su virginal destello.

Aún recuerdo ese brillo de tu testa sombría,
15   negra magia que oculta bajo su crespo acero
la luz nefasta y fría de tus pupilas hondas,
donde un hielo en abismos sin luz subyuga a nadie.

¡A nadie! Sola, aguardas un rostro, otra pupila,
azul, verde, en colores felices que rielen
20   claramente amorosos bajo la luz del día,
o que revelen dulces la boca para un beso.

Pero no. En ese monte pelado, en esa cumbre
pelada, están los árboles pelados que tú ciñes.
¿Silba tu boca cruda, o silba el viento roto?
25   ¿Ese rayo es la ira de la maldad, o es sólo
el cielo que desposa su fuego con la cima?

¿Esa sombra es tu cuerpo que en la tormenta escapa,
herido de la cólera nocturna, en el relámpago,
o es el grito pelado de la montaña libre,
30   libre sin ti y ya monda, que fulminada exulta?

Cuando habla el poeta de la mujer que no ama, lo hace en
términos de una serpiente para expresar la repugnancia que
ese ser produce al estar al margen de la elemental naturaleza amorosa [1]. Pero junto a esta repugnancia se encarna el
temor espiritual y físico que produce el ser desamoroso, y
por tanto peligroso. Se ha de notar este particular sobre
todo en los primeros y últimos versos en los que la presencia de la noche agudiza lo siniestro del poema. Aleixandre

---

[1] Carlos Bousoño, *La poesía de Vicente Aleixandre*, 2.ª ed., Madrid, Gredos, 1968, págs. 163-164.

con esta metáfora de la serpiente ha expresado aquí una visión temática radicalmente opuesta a la de «Sierpe de amor». Pero si bien tal visión es opuesta, aquélla es al mismo tiempo su complemento. Aleixandre logrando expresar con una sola metáfora toda su filosofía amorosa, tanto en su tesis como en su antítesis, lo que consigue es integrar sólidamente el libro al cual los poemas pertenecen, hacer de él en definitiva una perfecta unidad formal y temática que justifica la armonía excepcional que repetidas veces ha mencionado la crítica de *Sombra del paraíso* [2].

En la poesía de Aleixandre es común encontrar algunas constantes de carácter simbólico que servirán para interpretar otros poemas suyos. Así como en «Como serpiente» lo obscuro y lo frío son elementos que conforman el mundo donde está viviendo el desamor, en «Sin luz» de *La destrucción o el amor*, se verá el frío pez espada que sin luz no puede horadar la sombra de su mundo. Lo contrario se notó en el primer poema analizado en el que habiendo amor hubo luz y fuego. Se verá también que en «Como serpiente» la naturaleza está pelada (versos 22-26) para coincidir con el vacío del amor mientras que en «Sierpe de amor» la exuberancia tropical concuerda con la intensidad amorosa. En el desarrollo metafórico de cada uno de los dos poemas se pueden encontrar diferencias que corresponden a la diferencia temática respectiva. En el primero hay términos que se asocian con la muerte o amor como «pico», «hiendo», y «morder» que equivalen a «beso» y, en el segundo, términos que aluden a la repugnancia y al temor que ocasiona la serpiente como lo «viscoso» y «largo» de su cuerpo, la calidad

---

[2] Ricardo Gullón, «Itinerario poético de Vicente Aleixandre», *Papeles de Son Armadans*, XI, núms. 32-33 (noviembre-diciembre 1958), pág. 225.

«bífida» de su lengua y el borde «morado» de su boca «sombría» (versos 1-13).

Como la metáfora de la serpiente que expresa dos ideas contrarias complementarias hay muchas otras. El río, por ejemplo, en *Sombra del paraíso*, aparece, entre otros poemas, en «Cuerpo de amor» y en su antítesis: «Cuerpo sin amor». En el primero la mujer que ama es «como un río escapando» y en el segundo, en el que no ama, es un «quieto río», estancado, «parado» como se llama en «Acabó el amor» de *Nacimiento último*. Este río «quieto» por ser tal no está en armonía con la naturaleza, como está el otro que se escapa; el río «quieto» es un río helado que «escupe» cuanto en él se refleja, es un río en fin que oculto se «escurre» huyendo sin compartir con nadie su belleza, hacia la muerte que es su mar. Si Aleixandre usa la misma metáfora para desarrollar un tema en su tesis y antítesis, lo que se define, a más de los efectos de expresión logrados, es su genio y habilidad para explotar al máximo el potencial expresivo que tiene un objeto o un ser, como en este caso la serpiente, para concretar una intuición dada. La sensación que se saca es que el poeta al trabajar en un poema ya tiene en él su contrario y complemento en potencia.

PLURALIDAD METAFÓRICA

En los poemas en que Aleixandre usa una pluralidad metafórica, es decir en las piezas en las que hay un gran número de metáforas principales independientes e íntimamente relacionadas entre sí, es posible inferir cuatro propósitos capitales:

1) Expresar metafórica y conceptualmente la fusión de la naturaleza.

2) Expresar, considerando el tipo elemental cósmico y telúrico de tales metáforas, la elementalidad que prima en la escala de valores del mundo poético de Aleixandre [3].

3) Intensificar la expresividad y receptividad del tema respectivo del poema.

4) Aumentar la riqueza interpretativa, alcance y ambigüedad artística del mismo.

Jamás será, entonces, esa proliferación figurativa tan típica de Aleixandre el resultado de un mero juego arbitrario de la imaginación o, peor, un resultado del llamado automatismo surrealista. Hay muchos poemas que servirían de ejemplo en esta parte y uno de los principales es «Soy el destino» de *La destrucción o el amor*.

SOY EL DESTINO

Sí, te he querido como nunca.

¿Por qué besar tus labios, si se sabe que la muerte está
      próxima,
si se sabe que amar es sólo olvidar la vida,
5 cerrar los ojos a lo oscuro presente
para abrirlos a los radiantes límites de un cuerpo?

Yo no quiero leer en los libros una verdad que poco a
      poco sube como un agua,
renuncio a ese espejo que dondequiera las montañas
10   ofrecen,
pelada roca donde se refleja mi frente
cruzada por unos pájaros cuyo sentido ignoro.

No quiero asomarme a los ríos donde los peces colora-
dos con el rubor de vivir,

---

[3] Bousoño, págs. 53-58. Lo contrario a la fusión armónica de la naturaleza y a su elementalidad se logrará expresar a su vez con los contrarios metafóricos: alhajas, anillos, vestidos, etc.

15 embisten a las orillas límites de su anhelo,
    ríos de los que unas voces inefables se alzan,
    signos que no comprendo echado entre los juncos.

    No quiero, no; renuncio a tragar ese polvo, esa tierra
        dolorosa, esa arena mordida,
20 esa seguridad de vivir con que la carne comulga
    cuando comprende que el mundo y este cuerpo
    ruedan como ese signo que el celeste ojo no entiende.

    No quiero, no, clamar, alzar la lengua,
    proyectarla como esa piedra que se estrella en la altura,
25 que quiebra los cristales de esos inmensos cielos
    tras los que nadie escucha el rumor de la vida.

    Quiero vivir, vivir como la hierba dura,
    como el cierzo o la nieve, como el carbón vigilante,
    como el futuro de un niño que todavía no nace,
30 como el contacto de los amantes cuando la luna los ignora.

    Soy la música que bajo tantos cabellos
    hace el mundo en su vuelo misterioso,
    pájaro de inocencia que con sangre en las alas
    va a morir en un pecho oprimido.

35 Soy el destino que convoca a todos los que aman,
    mar único al que vendrán todos los radios amantes
    que buscan a su centro, rizados por el círculo
    que gira como la rosa rumorosa y total.

    Soy el caballo que enciende su crin contra el pelado
40   viento,
    soy el león torturado por su propia melena,
    la gacela que teme al río indiferente,
    el avasallador tigre que despuebla la selva,
    el diminuto escarabajo que también brilla en el día.

45 Nadie puede ignorar la presencia del que vive,
    del que en pie en medio de las flechas gritadas,

muestra su pecho transparente que no impide mirar,
que nunca será cristal a pesar de su claridad,
porque si acercáis vuestras manos, podréis sentir la sangre.

Se puede dividir el poema en cuatro partes: 1) la del primer verso, que contiene la afirmación amorosa; 2) la de las cinco estrofas siguientes, que contiene el rechazo de la limitación a la feliz vida en unión con la creación; 3) la de las cuatro estrofas subsiguientes sobre la identificación del poeta con la vida o seres donde se puede sentir la sangre (verso 49); 4) la parte final de las conclusiones que ratifican tal visión comunitaria.

La primera parte se explica con la segunda que trata del rechazo de las limitaciones y que se desarrolla en las siguientes etapas: *a*) Aleixandre no acepta el amor si es que éste es vivir tan sólo dentro de «los radiantes límites de un cuerpo» (verso 6), si es que este amor ha de ser «sólo olvidar la vida» (verso 4); como dice Cano, «este amor humano es sólo un simulacro —el único posible— del amor total, que únicamente en la fusión última con la tierra puede lograr el hombre»[4]. *b*) Aleixandre no se conforma con la verdad que le ofrecen «los libros» (versos 7-12) al ser ésta sólo una parte y reflejo de la gran verdad total del universo. Como se ha de recordar, en el capítulo segundo, cuando se estudió «El poeta», se vio cómo para Aleixandre el poema recogía sólo un «destello» de la luz, su afán era mirar «cara a cara» el sol del cual emana ese destello, verdad parcial frente a la absoluta, la del sol mismo: «Sí poeta; arroja este libro que pretende encerrar en sus páginas un destello del sol, / y mira a la luz cara a cara, apoyada la cabeza en la roca». *c*) El poeta rehúsa asomarse a los ríos porque le insi-

---

[4] José Luis Cano, *La poesía de la generación del 27*, Madrid, Guadarrama, 1970, pág. 130.

núan restricción con sus «orillas límites» (versos 13-17). La relación metafórica entre el cuerpo de la amada y el río, el uno con sus «radiantes límites» y el otro con sus «orillas límites», queda, para mayor coherencia estructural, definida. Se habrá notado que en las estrofas segunda y cuarta el poeta no quiere ignorar esos «pájaros» y «voces inefables» porque en ellos se ha de «sentir la sangre» (verso 49) y no en esos «cristales» fríos del río o en el «espejo» de la «pelada roca» (versos 9-11). *d*) Si se desprecia la «arena mordida» ya servida por otro, se ha de buscar una que sea intacta (versos 18-22). Esta parte queda relacionada y reforzada por aquélla anterior: la de la verdad dada en el libro. *e*) Por fin, rehúsa quejarse, lamentarse y clamar, por su situación, contra el cielo (versos 23-26) porque sabe que sus reclamos no serán escuchados al no existir nada detrás de aquél. Él sabe, asimismo, que nadie escucha desde detrás del cielo el «rumor de la vida» (verso 26). La indiferencia del cielo de ese «celeste ojo» (verso 22) de cristal frío se relaciona con el cristal indiferente del río (verso 42) y a su vez con el hombre que ignora el palpitar de la sangre, ese «signo» único (verso 22) de vida que el poeta ansía conocer con su fusión universal. Aquella consideración del clamor al cielo es una alusión al poeta romántico que quejándose de su soledad e injusticias del mundo ponía su grito en lo alto. Hasta aquí se ha entrelazado una serie de metáforas, cada una una unidad en sí y a su vez dependientes entre sí al revelar y expresar conjuntamente ese radical desprecio por lo que puede limitar el conocimiento y el contacto de la vida universal. A continuación, en la tercera parte, aparece la serie principal de metáforas encauzadas a expresar la identificación del protagonista poemático con la libertad vital de la creación. Aquél quiere vivir libre como el cierzo, la nieve, como el «caballo que enciende su crin contra el pelado viento» (versos 39-40); como «el diminuto escarabajo que también brilla en el día» (verso 44), como «el león torturado por su propia melena» o el «tigre que despuebla la selva» (versos 41, 43). O sea, como se dice en la estrofa concluyente, el poeta no quiere «ignorar la presencia del que vive» (verso 45). No puede ignorar la vida, sea ésta dolorosa o feliz, o del más grande o del más ínfimo del mundo. Para sintetizar y definir mejor lo dicho vale analizar la estrofa octava que empieza con las palabras del título: «Soy el destino», y que corresponde a los versos 35-38. El poeta dice que él es el destino de todo lo que ama y vive en el universo. Siendo él el destino en general y no un destino en particular, han de llegar a él —como destino— todos los seres, toda la vida, como al mar han de fluir las vidas (ríos) y como al centro del círculo han de converger sus radios. Quiere este poeta de la sangre ser el centro del mundo que «gira como la rosa rumorosa y total» (verso 38).

Aleixandre en esta tercera parte del poema usa por lo menos quince metáforas independientes para representar su tema de la comunión universal de vida. Todas ellas están constituidas por animales y cosas elementales y libres como el escarabajo, el pájaro, el viento, la nieve, etc. Se representa la elementalidad con la mera presencia de tales metáforas y su fusión con la coexistencia funcional y efectiva de aquéllas, constituyendo el contexto cósmico por un lado y el poético por otro. O sea la fusión artística de las metáforas en el poema es la fusión vital de los seres y cosas elementales en el mundo. Consecuentemente, la fusión del poema es la expresión de la fusión del mundo. Los otros dos puntos mencionados como efectos de la pluralidad metafórica —intensificar el significado y ambigüedad del poema— son el resultado de los anteriores y están logrados. Cada metáfora expresa un significado común y añade un elemento más en el marco ideológico e interpretativo. Así, cuando se dice que el protagonista poemático quiere ser una gacela y luego a continuación un tigre, se está yuxtaponiendo la paz a la violencia (muerte o amor) de la vida, yuxtaposición que a su vez realza la importancia y fuerza de la fusión deseada. Si esta expansión y refuerzo temático se logra con cada metáfora en particular y en relación con las otras, todo el poema ganará en ambigüedad y significación estética.

LA ENUMERACIÓN CAÓTICA

Una de las formas que puede adoptar la estructura poética moderna es la que Spitzer ha denominado la «enumeración caótica». En ésta «la serie estilísticamente heterogénea [de metáforas] asume función metafísicamente conjuntiva»[5]. En Aleixandre —como ya se habrá advertido y se verá con más detalle en el poema que a continuación se analiza— es fundamentalmente un medio de expresión, una necesidad técnica, y no un simple juego, que claro al serlo, de paso, también encanta. En «Soy el destino», principalmente en la tercera parte, la enumeración no parece específicamente deseada como se siente en «Se querían», por ejemplo; en aquél la enumeración, que no es caótica, proviene del modo o disposición metafórica apropiada para expresar el tema de la fusión y de la variedad universal.

SE QUERÍAN

Se querían.
Sufrían por la luz, labios azules en la madrugada,
labios saliendo de la noche dura,

---

[5] Leo Spitzer, *Lingüística e historia literaria*, 2.ª ed., Madrid, Gredos, 1968, pág. 248.

labios partidos, sangre, ¿sangre dónde?
5   Se querían en un lecho navío, mitad noche, mitad luz.

Se querían como las flores a las espinas hondas,
a esa amorosa gema del amarillo nuevo,
cuando los rostros giran melancólicamente,
giralunas que brillan recibiendo aquel beso.

10   Se querían de noche, cuando los perros hondos
laten bajo la tierra y los valles se estiran
como lomos arcaicos que se sienten repasados:
caricia, seda, mano, luna que llega y toca.

Se querían de amor entre la madrugada,
15   entre las duras piedras cerradas de la noche,
duras como los cuerpos helados por las horas,
duras como los besos de diente a diente sólo.

Se querían de día, playa que va creciendo,
ondas que por los pies acarician los muslos,
20   cuerpos que se levantan de la tierra y flotando...
Se querían de día, sobre el mar, bajo el cielo.

Mediodía perfecto, se querían tan íntimos,
mar altísimo y joven, intimidad extensa,
soledad de lo vivo, horizontes remotos
25   ligados como cuerpos en soledad cantando.

Amando. Se querían como la luna lúcida,
como ese mar redondo que se aplica a ese rostro,
dulce eclipse de agua, mejilla oscurecida,
donde los peces rojos van y vienen sin música.

30   Día, noche, ponientes, madrugadas, espacios,
ondas nuevas, antiguas, fugitivas, perpetuas,
mar o tierra, navío, lecho, pluma, cristal,
metal, música, labio, silencio, vegetal,
mundo, quietud, su forma. Se querían, sabedlo.

Aquí se exalta el amor de los múltiples elementos de la creación en su totalidad, en espacio y tiempo. Se desarrolla tal amor, o mejor se concretiza tal abstracción curiosa dentro del contexto del amor humano que en último término se confunde con el otro hasta encontrarse el lector con partidos «labios azules» u horizontes entre la noche y el día. Este es un procedimiento que recuerda mucho la objetivación de la unión del alma con Dios en términos del amor humano realizada por San Juan. Con ese amor cósmico, estando progresivamente desarrollado en la madrugada, día, mediodía, noche y así sucesivamente, queda expresado el amor eterno del mundo como un giro sin final alrededor del sol cuya luz halla su equivalente metafórico en la sangre que también circula. Ampliando más la presencia de San Juan de la Cruz en la obra en general de Aleixandre, sobre todo en los libros principales de su primera época, aquí constantemente referidos, se puede afirmar que ese «panteísmo místico» aludido por Dámaso Alonso se explica en la unión que busca el poeta con el mundo, como el místico buscaba la de su alma con Dios[6]. Básicamente éste es el sentido del concepto tan común de fusión o confusión, de la muerte con el feliz nacimiento último o salvación final visto en Salinas y Aleixandre.

¿Cómo funciona la «enumeración caótica» en este poema cuya síntesis culminante se contiene en la última estrofa? Y ¿con qué fin se la ha llevado a cabo? Antes en la estrofa tercera aparece este verso, «caricia, seda, mano, luna que llega y toca» —saturado, en sí, de una «enumeración» menor de sustantivos y dos acciones verbales «llega y toca»— que es la representación concreta del concepto anunciado en el ver-

---

[6] Dámaso Alonso, *Poetas españoles contemporáneos*, 3.ª ed., Madrid, Gredos, 1965, pág. 280.

so anterior «repasados». Se siente con el último verso objetivizante de aquel concepto cómo la luna, mientras el sol está debajo de la tierra, acaricia con su suave y amorosa mano de seda los arcaicos lomos estirados (animados) de los valles en la noche. La última estrofa —la parte culminante del poema— sintetiza la variedad metafórica usada en él y eleva al máximo de expresión poética el unificante amor cósmico del mundo, no obstante la radical variedad de sus elementos. La variedad aludida y por tanto la fuerza unificante del amor, se refuerza con la incoherencia o falta de una mínima relación sintáctica entre los elementos que la constituyen. La sintaxis regular operará sólo cuando los equivalentes del amor o el amor mismo —para reforzar su importancia— reaparezcan: «Se querían, sabedlo» (verso 34). Es posible ver en esta estrofa estudiada gracias a la «enumeración caótica» una culminación frenética del amor-pasión del universo. El mundo dividido en parejas cósmicas alcanza el máximo de su éxtasis enajenante y amoroso y vuelve, al final en la primera parte del último verso, al sosiego, a esa «quietud» resultante del éxtasis cósmico.

SUPERPOSICIÓN METAFÓRICA

En los dos poemas anteriores la pluralidad metafórica está constituida por una yuxtaposición en la que cada metáfora expresa una idea e introduce o una nueva o un elemento más que amplía la estructura temática del poema respectivo. La superposición metafórica, que equivale a la metaforización metafórica vista ya en la poesía de Salinas y que en la obra de Aleixandre es particularmente importante en las obras de su primera época, constituye la otra parte de dicha pluralidad figurativa.

CORAZÓN EN SUSPENSO

Pájaro como luna,
luna colgada o bella,
tan baja como un corazón contraído,
suspendida sin hilo de una lágrima oscura.

5   Esa tristeza contagiosa
en medio de la desolación de la nada,
sin un cuerpo hermosísimo,
sin un alma o cristal
contra lo que doblar un rayo bello.

10   La claridad del pecho o el mundo acaso,
en medio la medalla que cuelga,
ese beso cuajado en sangre pura,
doloroso músculo, corazón detenido.

Un pájaro solo —quizá sombra,
15 quizá la dolorosa lata triste,
el filo de ese pico que en algún labio
cortó unas flores, un amarillo estambre o polen luna.

Para esos rayos fríos,
soledad o medalla realizada,
20 espectro casi tangible
de una luna o una sangre o un beso al cabo.

Aquí se trata del dolor y la tristeza del ser ante la falta del amor (versos 5-9). El título es significativo, pues ese «corazón en suspenso» es un «corazón detenido», como muerto, por no tener a quien amar. El término «suspenso», como se ha de ver luego, está equívocamente usado, así pues significa que está pendiente de alguien y también colgado de algo. La ausencia de «un cuerpo hermosísimo» es la causa de la suspensión susodicha. Por un lado aparece la noche, en sí un símbolo de tristeza por la ausencia del sol como «una lágrima oscura» (verso 4) de la cual pende la luna. Por otra parte, y aquí está la superposición, se presenta el corazón que metaforizado es un pájaro y éste, a su vez, es una luna y ésta por fin una medalla colgada del pecho. Si el corazón suspenso es un pájaro, lo que se ha conseguido es concretar la consiguiente soledad del corazón que, aunque quisiera, no puede amar. Refuerza la soledad mencionada la presencia de la luna que, siendo una medalla, «lata triste» (verso 15), en medio del pecho, va a explicar la situación física y espiritual del corazón colgado en el pecho y pendiente de un amor. La relación entre el corazón y la «lata» triste se confunde con el efecto fonético que esta palabra trae consigo dentro de un marco poético en donde «late» un corazón. Se puede inferir un poco más de metaforización del pájaro y la lata de la medalla al pasar éstos a ser un cuchillo que (como el corazón) «cortó» unos besos o un amor de unos labios (versos 14-17). Este procedimiento que Aleixandre usa es sobre todo un medio de expresión poética que se justifica en cuanto que con él puede llegarse a una exacta representación de la idea o ideas, en este caso la falta de amor y su resultado: la soledad que trasciende del corazón del hombre a toda la naturaleza. Con la medalla se plasmó «lo suspenso» y con el pájaro y la luna la soledad y el dolor de la situación del corazón. El mecanismo de este fenómeno técnico, que quedó explicado ya en el capítulo anterior, consiste en lo que Bousoño llama «superposición de imágenes» que hace del poema una «atalaya poética» y que en el presente caso está formada por los siguientes pisos: corazón en suspenso, pájaro, luna, medalla o lata triste y cuchillo [7]. El ejemplo dado por Bousoño para explicar este fenómeno

---

[7] Bousoño, págs. 218-224.

de la superposición no es significativo por varias razones:
1) «Como serpiente», poema del cual saca el ejemplo, no
es una pieza cuya estructura se realice con la superposición sino principalmente con la singularidad metafórica;
2) «Como serpiente» no es el mejor caso de lo que Bousoño
llama con gran acierto desde luego «atalaya poética». Esta
atalaya se ha de encontrar y sentirse su efecto en un poema
donde, como «Corazón en suspenso», hay cinco pasos figura-
tivos. Bousoño dice además que la superposición de las imágenes es en parte una «consecuencia lógica de la continuidad
imaginativa» [8]. Todo el poema es tal consecuencia. Por otra
parte más que consecuencia de esa «continuidad» la superposición es una necesidad técnica, consciente, individual,
de expresión y de enriquecimiento poético. El poeta la busca para expandir con cada imagen nueva, separada y conjuntamente, el marco interpretativo que resultará a la postre
en una bella ambigüedad total.

DINAMISMO POÉTICO

El dinamismo en esta poesía no es único y varía de acuerdo con las épocas en que la crítica divide la producción de
Aleixandre: la anterior a *Historia del corazón* y la que le
sigue. El dinamismo poético es aquel movimiento —unas
veces elemental y desarrollado otras— del poema, que no necesariamente sigue los tres pasos de principio, medio y fin
que es frecuente en este autor, sino un gradual desenvolvimiento sutil de toda la estructura del poema con un
efecto más bien plástico en el lector. Éste no necesariamente siente que el poema ha comenzado con una introducción

---

[8] *Ibid.*, pág. 219.

y avanzado hasta una conclusión, sino que sobre todo perci-
be tal movimiento por la disposición de la estructura del
poema.

Quedó aludido este dinamismo en el segundo capítulo
cuando se estudió «El poeta canta por todos» de *Historia del
corazón* y luego también en «Se querían» de *La destrucción o
el amor* (del presente capítulo) al explicar el desarrollo
poético de la madrugada, el día, el mediodía y la noche en
relación con la fusión amorosa sin fin de una variedad
cósmica.

A TI, VIVA

> *Es tocar el cielo, poner el dedo*
> *sobre un cuerpo humano.*
>
> Novalis.

Cuando contemplo tu cuerpo extendido
como un río que nunca acaba de pasar,
como un claro espejo donde cantan las aves,
donde es un gozo sentir el día cómo amanece.

5   Cuando miro a tus ojos, profunda muerte o vida que
         me llama,
canción de un fondo que sólo sospecho;
cuando veo tu forma, tu frente serena,
piedra luciente en que mis besos destellan,
10   como esas rocas que reflejan un sol que nunca se hunde.

Cuando acerco mis labios a esa música incierta,
a ese rumor de lo siempre juvenil,
del ardor de la tierra que canta entre lo verde,
cuerpo que húmedo siempre resbalaría
15   como un amor feliz que escapa y vuelve...

Siento el mundo rodar bajo mis pies,
rodar ligero con siempre capacidad de estrella,

con esa alegre generosidad del lucero
que ni siquiera pide un mar en que doblarse.

20   Todo es sorpresa. El mundo destellando
siente que un mar de pronto está desnudo, trémulo,
que es ese pecho enfebrecido y ávido
que sólo pide el brillo de la luz.

La creación riela. La dicha sosegada
25 transcurre como un placer que nunca llega al colmo,
como esa rápida ascensión del amor
donde el viento se ciñe a las frentes más ciegas.

Mirar tu cuerpo sin más luz que la tuya,
que esa cercana música que concierta a las aves,
30 a las aguas, al bosque, a ese ligado latido
de este mundo absoluto que siento ahora en los labios.

En este poema, Aleixandre consigue expresar su deseo de ver en la amada la unidad del mundo. Amada y mundo son una misma cosa y el amante ha de fundirse en ellos por el amor que equivale a su muerte. Explicando «A ti, viva» dentro del dinamismo propuesto se tiene que en la primera estrofa él la contempla tendida «como un río que nunca acaba de pasar» (verso 2). La fusión con el mundo está ya realizada por dos medios: 1) por la imagen sugestiva del río, elemento natural y unificante, y 2) porque la amada está con su «cuerpo extendido» en la natural verdura del mundo; esta amada de Aleixandre jamás se ha de encontrar en recámaras o salones lejos de la naturaleza como aquellas damas pintarrajeadas y sudorosas de «El vals» de *Espadas como labios*. En la segunda estrofa, luego de contemplar y contemplar su cuerpo en general, el amante le mira específicamente sus ojos y su frente. Por fin, en el tercer paso, contenido en la estrofa tercera, el amante se acerca a besarla, sintiendo ahora el mundo entero en sus labios. Ya que Aleixandre no puede jamás quedarse con la mera contemplación, con el gozo simplemente visual del mundo, él tiene que tocar, besar y sentir en su carne la palpitación del cuerpo amado. (Guillén en este caso es distinto: éste se contenta con simplemente mirar el mundo. Sin embargo, si bien Guillén se contenta con la mera contemplación, hay que subrayar el hecho de que para él esa contemplación constituye posesión, otro modo poético de poseer el mundo. «Mira. ¿Ves? Basta», dice el poeta en «Interior» de *Cántico*.) En las estrofas siguientes se desarrolla el efecto múltiple que produce el beso. En ellas el verbo «sentir» se repite tres veces definiendo la posición del amante descontento de la mera contemplación del cuerpo de la amada. La contemplación inicial y la unión o fundición del amante con la amada, que es el mundo, es una estructura poética común y tal vez una de las características fundamentales de la forma poética de Aleixandre en la primera época y específicamente en *La destrucción o el amor* y *Sombra del paraíso*. Hasta aquí, los poemas estudiados que tienen tal desenvolvimiento contemplación-unión son: «Sierpe de amor», «Cuerpo de amor», «A ti, viva», y luego se verá «Unidad en ella». Nada más erróneo, en esta parte, que lo que dice Cernuda al resumir las notas características del lirismo de Aleixandre: «Adoración de la hermosura material e imposibilidad de su posesión física como acicate de dicho lirismo» [9].

AL HOMBRE

¿Por qué protestas, hijo de la luz,
humano que, transitorio en la tierra,

---

[9] Luis Cernuda, *Crítica, ensayos y evocaciones*, Barcelona, Seix Barral, 1970, pág. 228.

redimes por un instante tu materia sin vida?
¿De dónde vienes, mortal que del barro has llegado
5 para un momento brillar y regresar después a tu apagada
    patria?
Si un soplo, arcilla finita, erige tu vacilante forma y
    calidad de dios tomas en préstamo,
no, no desafíes cara a cara a ese sol poderoso que fulge
10 y compasivo te presta cabellera de fuego.
Por un soplo celeste redimido un instante,
alzas tu incandescencia temporal a los seres.
Hete aquí luminoso, juvenil, perennal a los aires.
Tu planta pisa el barro de que ya eres distinto.
15 ¡Oh, cuán engañoso, hermoso humano que con testa de
    oro
el sol piadoso coronado ha tu frente!
¡Cuán soberbia tu masa corporal, diferente sobre la tierra
    madre,
20 que cual perla te brinda!
Mas mira, mira que hoy, ahora mismo, el sol declina tris-
    temente en los montes.
Míralo rematar ya de pálidas luces,
de tristes besos cenizosos de ocaso
25 tu frente oscura. Mira tu cuerpo extinto cómo acaba en
    la noche.
Regresa tú, mortal, humilde, pura arcilla apagada,
a tu certera patria que tu pie sometía.
He aquí la inmensa madre que de ti no es distinta.
30 Y, barro tú en el barro, totalmente perdura.

Explicar el dinamismo interno y externo de este poema es
explicar en definitiva su esencia formal y temática. Se trata
aquí no sólo de la fugacidad de la vida objetivizada, entre
otros elementos, por el paso del día a la noche, sino también
de la representación poética del «barro» bíblico del hombre.
Este muñeco hecho de barro, materia apagada (versos 5-6),
sin vida, con un «soplo celeste» (Dios en la biblia y el sol
en el poema) brillará por un instante para luego volver con

la muerte a su «tierra madre» (versos 11, 18-19). El instante
de luz vital halla su concreción con el movimiento de la estructura misma del poema en la que, expresada la juventud
de esa luz, violentamente se comienza, con el verso 21 «ahora
mismo», a hablar del ocaso y la noche misma de su vida. El
paso del día, otro de los elementos dinámicos, por el poniente, a la noche es el reflejo del desarrollo del tema. La vejez
o el poniente está expresada de manera explícita con las
«pálidas luces» (verso 23) y los «besos cenizosos» (versos 24)
del ser en el preludio de su noche que aparece en la frente.
El poema tiene otros elementos formales que ayudan a la
objetivación del tema como el del hombre, rey de la creación, otro mito bíblico pertinente a *Sombra del paraíso*. El
sol ha coronado la frente de este pequeño dios del mundo
(verso 17) cuyo reino durando un instante vuelve a su otra
«patria», la tierra, a la que su pie (gobernándola) sometía
(versos 27-28); equivaliendo por otra parte a la tierra sobre
la cual en vida el ser asentó sus pies. En la agonía del sol,
poniente del hombre, Aleixandre anuncia a la mente del
lector la muerte que con la noche llegará y dice: Mírale al
sol «rematar ya de pálidas luces» (verso 23). Asimismo reforzando la ardiente juventud humana usa términos que
fonética y conceptualmente forjan la sensación de la arro-
gancia y la soberbia del hombre en su mocedad: «alzas tu
incandescencia temporal a los seres. / Hete aquí luminoso
juvenil, perennal a los aires» (versos 12-13), términos estos
que contrastan con la ancianidad pálida y cenizosa del poniente (versos 23-24). Con el mismo efecto, antes el sol le
coronó su frente de luz, de oro; ahora esa misma frente
está llena y coronada de pálidos besos que el sol, por medio
de la noche, le entrega.

En muchos casos, el efecto del dinamismo poético puede
resultar de la congruencia, parcial o total, de la evolución poé-

tica y la que el lector, de antemano teniéndola ya en su mente, ve realizarse conjuntamente en el poema. Si, por ejemplo, la acción poética parte del vientre humano hasta llegar a la cabeza, los posibles pasos serán pecho, boca, ojos, etc. Este es un fenómeno propio del arte que inicia Aleixandre con *Historia del corazón*, fenómeno que elimina casi por completo el hermetismo del poema menoscabando su ambigüedad.

EL VIENTRE

    El vientre tiene
    una hondura de tierra,
    y allí el cuerpo se nutre como el árbol.
    La térrea condición del hombre nunca,
5   nunca más clara.
    Allí hay raíces, arroyos que pasan invisibles,
    piedras oscuras, limos.
    Y plantado está el hombre.
    Allí se moja o nutre, de allí crece.

10   Externamente piénsase
    que la materia se concentra aunándose
    para dar en cintura.
    Tirante, oculta el fango;
    de todo, menos fuego:
15   todo arde frío y pasa, y todo queda,
    revuelto en craso origen.

      Aquí muy lento crece
    el tronco. Surtió, surtió despacio
    con un esfuerzo unánime.
20   ¡Distinto!, y sus raíces
    resuelta vida toman, y trastornadas muestran
    la suavidad oreada, donde el azul en viento las comprueba.
    Verdad, verdad creciente.
    Y el vientre envía vida.
25   Y sube en savia clara

y es savia colorida, y se hace pecho,
y allí es aire, girando.
Y más, y aún más envía,
y es son, rumor de voz: viento armonioso.
30   Y aún del vientre más vida,
y sube más y es luz: sus ojos puros.
Y al fin ya sumo acaba:
cielo que le corona suavemente.

Y todo, vientre oscuro,
35   tenaces raíces, piedras, masa oculta.
Materia no distinta: tierra enorme.

El cuerpo humano se nutre en el vientre como el árbol en
la tierra. El «craso origen» de aquél queda oculto detrás de
la «cintura» y así se sigue hasta la cima espiritual de la cabeza coronada por el cielo. Vientre y cabeza son los extremos límites del ser, del hombre de materia y espíritu. El
dinamismo físico: vientre, cintura, tronco, pecho, boca y
ojos define simultáneamente el refinamiento humano desde
su «craso origen» hasta la luz de la vista y de la inteligencia.
Sintácticamente cada paso está expresado con la conjunción
copulativa «y» que asciende hasta el fin del poema. Cuando
se dice que el cielo «le corona suavemente» se está reproduciendo la concavidad del cielo que «corona» la cabeza
humana y que recuerda la concavidad de la «tierra» del
vientre, «hondura» donde se revuelve el elemento nutritivo
del ser; así los extremos suelo (vientre), cielo (cabeza) se
expresan mutuamente su relación aún con el parecido de la
concavidad, hecho que por otra parte integra el poema.

Otro ejemplo de la congruencia entre la acción poética y
la acción subjetiva del lector puede encontrarse en «En la
plaza». Este poema, que recuerda el estudiado en el capítulo
segundo, «El poeta canta por todos», y que pertenece tam-

bién a *Historia del corazón*, trata del hombre, que ha de encontrar y realizar su yo en medio de la humanidad, de la masa, y no en su soledad. El poeta le dice a aquél que entre en la multitud como en el agua.

> Entra despacio, como el bañista que, temeroso, con mucho amor y recelo al agua,
> introduce primero sus pies en la espuma,
> y siente el agua subirle, y ya se atreve, y casi ya se decide.
> Y ahora con el agua en la cintura todavía no se confía.
> Pero él extiende sus brazos, abre al fin sus dos brazos y se entrega completo.
> Y allí fuerte se reconoce, y crece y se lanza,
> y avanza y levanta espumas, y salta y confía,
> y hiende y late en las aguas vivas, y canta, y es joven.

El movimiento gradual del protagonista poemático coincide con la experiencia y visualización del acto conocido por el lector. Éste vive con el protagonista los pasos respectivos.

El dinamismo puede avanzar hasta una perspectiva dramática, o sea la estructura del poema puede estar dispuesta como si se tratara de una pieza dramática en la que los protagonistas poemáticos actuaran y el lector los visualizara con gran precisión. «El último amor» de *Historia del corazón* es un ejemplo de esta práctica que, si bien no es muy frecuente en la obra de Aleixandre, es importante porque también es práctica de otros poetas de la generación. (Guillén escribió *Huerto de Melibea* dentro de un diseño teatral definido.)

El último amor

I

> Amor mío, amor mío.
> Y la palabra suena en el vacío. Y se está solo.
> Y acaba de irse aquella que nos quería. Acaba de salir.

Acabamos de oír cerrarse la puerta.
5 Todavía nuestros brazos están tendidos. Y la voz se queja
en la garganta.
Amor mío...

Cállate. Vuelve sobre tus pasos. Cierra despacio la puer-
ta, si es que no quedó bien cerrada.
10 Regrésate.
Siéntate ahí, y descansa.
No, no oigas el ruido de la calle. No vuelve. No puede
volver.
Se ha marchado, y estás solo.
15 No levantes los ojos para mirarlo todo, como si en todo
aún estuviera.
Se está haciendo de noche.
Ponte así: tu rostro en tu mano.
Apóyate. Descansa.
20 Te envuelve dulcemente la oscuridad, y lentamente te borra.
Todavía respiras. Duerme.
Duerme si puedes. Duerme poquito a poco, deshaciéndote,
desliéndote en la noche que poco a poco te anega.

25 ¿No oyes? No, ya no oyes. El puro
silencio eres tú, oh dormido, oh abandonado,
oh solitario.
¡Oh, si yo pudiera hacer
que nunca más despertases!

II

30 Las palabras del abandono. Las de la amargura.

Yo mismo, sí, yo y no otro.
Yo las oí. Sonaban como las demás. Daban el mismo sonido.
Las decían los mismos labios, que hacían el mismo mo-
35 vimiento.

Pero no se las podía oír igual. Porque significan: las palabras
significan. Ay, si las palabras fuesen sólo un suave sonido,
y cerrando los ojos se las pudiese escuchar en el sueño.

40   Yo las oí. Y su sonido final fue como el de una llave
que se cierra.
Como un portazo.
Las oí, y quedé mudo.
Y oí los pasos que se alejaron.
45 Volví, y me senté.
Silenciosamente cerré la puerta yo mismo.
Sin ruido. Y me senté. Sin sollozo.
Sereno, mientras la noche empezaba.
La noche larga. Y apoyé mi cabeza en mi mano.
50 Y dije...

Pero no dije nada. Moví mis labios. Suavemente, suavísi-
mamente.
Y dibujé todavía
el último gesto, ese
55 que yo ya nunca repetiría.

III

Porque era el último amor. ¿No lo sabes?
Era el último. Duérmete. Calla.
Era el último amor...
Y es de noche.

Aleixandre divide este poema en tres partes. La primera a
su vez se subdivide en dos. La primera, considerando el
punto de vista poemático (versos 1-7), es una escenificación
del momento en que la amada se va con el día, por la puerta,
abandonando al amante y su corazón en la noche. Ellos
oyen el último signo de despedida, el ruido de la puerta al

cerrarse. El vacío es total. Si antes el punto de vista era «nosotros», incluyéndose el amante y su corazón, o, si se quiere, el yo del poeta y el yo del amante, en la segunda parte de la primera «escena» quien habla es el yo del poeta hacia el yo del amante asegurándole que ella no volverá; que su ausencia es inevitable como la llegada de la noche (versos 15-20). Le pide que ponga su rostro sobre su mano: «así» (verso 18) como si le dijera que le imitase repitiendo la acción simbólica de la soledad y la tristeza. La obscuridad, que es la expresión del amor ausente, borra al ser en su sueño (versos 20-21). En la segunda parte hay un yo, síntesis de los anteriores, que evoca detalladamente la primera parte, el momento aquel en que ella se fue, cerró la puerta, y se escucharon por la calle pasos que poco a poco se alejaban, el momento en que puso su rostro solitario y triste sobre una mano: «así». La segunda parte define el ansia del amante por consolarse al menos con el recuerdo del momento en el que se fue su último amor. La tercera parte es una conclusión que pone énfasis en la naturaleza última del amor y en su inevitabilidad que se concretiza en la inevitabilidad de la noche. Sombra y falta de amor, otra vez, son los equivalentes esencial-metafóricos en esta poesía amorosa de Salinas y Aleixandre.

Otro tipo muy importante y común de dinamismo en la poesía de Aleixandre consiste en la agilidad —y su contrario, la lentitud— con que corre la acción del poema. Este fenómeno de la agilidad se debe a que cada palabra es casi una nueva acción distinta de la anterior. Esta agilidad ha de ser la expresión del contenido respectivo (verso 8).

No EXISTE EL HOMBRE

Sólo la luna sospecha la verdad.
Y es que el hombre no existe.

La luna tantea por los llanos, atraviesa los ríos,
penetra por los bosques.
5   Modela las aún tibias montañas.
Encuentra el calor de las ciudades erguidas.
Fragua una sombra, mata una oscura esquina,
inunda de fulgurantes rosas
el misterio de las cuevas donde no huele a nada.

10   La luna pasa, sabe, canta, avanza y avanza sin descanso.
Un mar no es un lecho donde el cuerpo de un hombre
        puede tenderse a solas.
Un mar no es un sudario para una muerte lúcida.
La luna sigue, cala, ahonda, raya las profundas arenas.
15   Mueve fantástica los verdes rumores aplacados.
Un cadáver en pie un instante se mece,
duda, ya avanza, verde queda inmóvil.
La luna miente sus brazos rotos,
su imponente mirada donde unos peces anidan.
20   Enciende las ciudades hundidas donde todavía se pueden
        oír
(qué dulces) las campanas vividas;
donde las ondas postreras aún repercuten sobre los pechos
        neutros,
25   sobre los pechos blandos que algún pulpo ha adorado.

        Pero la luna es pura y seca siempre.
Sale de un mar que es una caja siempre,
que es un bloque con límites que nadie, nadie estrecha,
que no es una piedra sobre un monte irradiando.
30   Sale y persigue lo que fuera los huesos,
lo que fuera las venas de un hombre,
lo que fuera su sangre sonada, su melodiosa cárcel,
su cintura visible que a la vida divide,
o su cabeza ligera sobre un aire hacia oriente.

35   Pero el hombre no existe.
Nunca ha existido, nunca.
Pero el hombre no vive, como no vive el día.
Pero la luna inventa sus metales furiosos.

Este poema, que es uno de los más pesimistas de su autor y que pertenece a *Mundo a solas*, trata de la negación del hombre. Éste no existe como en la noche no existe el día. Quien sospecha esta verdad es la luna que en el poema con su luz como un proyector recorre el mundo buscando alguna evidencia humana y que al fin llega sin hallarlo, excepto por un cadáver que verde se había quedado inmóvil a su paso (versos 16-17). Aleixandre hablando sobre este punto ha dicho: «En algunos poemas de *Mundo a Solas*, acaso se contemple el mundo presente, la tierra, y se vea que, en un sentido último, no existe el hombre. Existe sólo la sombra o residuo del hombre apagado. Fantasma del hombre, tela triste, residuo con nombre de humano. El mundo terrible, el mundo a solas, no lleva en su seno al hombre cabal, sino a lo que pudo ser y no fue, resto de lo que de la ultrajada vida ha quedado»[10]. ¿Cuál es el efecto en el presente caso de esa vertiginosa agilidad con la que el poeta, a través de una serie de verbos, hace mover la luna y con ella al lector por las montañas, los ríos, las ciudades? Hacer sentir más el vacío de la ausencia humana a la que aquél llega recorriendo el mundo «sin descanso» (verso 10) con la luz de la luna. Este vacío humano justifica el título del libro *Mundo a solas*: la soledad del mundo sin la presencia humana elemental.

Resumiendo el dinamismo metafórico se puede decir que Aleixandre manipula una gran variedad de artificios técnicos que tiene que ver con la estructura general del poema, para intensificar el peso del tema y así llegar a una más exacta expresión del mismo. En el primer ejemplo «A ti, viva», la estructura poética dividida en tres partes hace que

---

[10] Concha Zardoya, *Poesía española contemporánea: Estudios temáticos y estilísticos*, Madrid, Guadarrama, 1961, pág. 445.

todo el peso de la atención del lector recaiga sobre la última parte (iniciada con la estrofa tercera) que contiene la ansiada posesión de la amada por parte del amante que comenzó contemplándola. Se ha notado aquí que la dinámica estructura del poema es el reflejo del ansia dinámica del amante que empieza contemplando el cuerpo amado hasta, gloriosamente, culminar con la posesión del mismo y el consiguiente sentir de sus efectos. Tal es la típica estructura poética de los dos libros principales que se estudian aquí. En el segundo ejemplo, el paso del día a la noche es el paso metafórico del hombre que sale de la tierra y vuelve a la misma con la violencia que es experimentada a su vez en la misma estructura poética, caracterizada por el vertiginoso cambio de una etapa a otra. En el tercer poema, la estructura sigue los pasos que el lector conoce de antemano, pasos que parten desde el vientre hasta culminar en la cabeza; el efecto proviene de la congruencia entre la mente del lector y la poética disposición de la estructura que, a su vez, encierra el tema de los extremos límites del ser: la materia que va refinándose hasta el espíritu. En el cuarto caso, de «El último amor», la dinámica dramatización acentúa gravemente el dolor y el vacío del amante que se queda en la noche después de que la amada se ha ido con el día. En el quinto ejemplo, el dinamismo acelerado del poema («No existe el hombre»), intensifica el tema de la desesperada búsqueda del ser que no existe. Al cabo de tanto buscar y más buscar nada se encuentra; no existe el hombre en la faz de la tierra.

La estructura poética de estos poemas analizados, con su dinamismo, es un medio artístico adicional que tiene su función específicamente expresiva. Todo en el poema se encauza hacia la representación más justa, más eficiente de la intuición sentida. En todos ellos el elemento dinámico ha llegado a ser una exteriorización del dinámico movimiento del ansia amorosa, del dolor y de la desesperación del mundo interior del protagonista poemático. En síntesis, el poema es el mundo interno del ser, del ser que con impulso se halla en aquél.

REVITALIZACIÓN METAFÓRICA

Como en el caso de Salinas, en la poesía de Aleixandre es muy frecuente esta práctica poética que consiste en la revitalización de las metáforas fósiles incorporadas al lenguaje ordinario. Hay poemas enteros basados en estas formas muertas que, por la nueva visión y la metaforización de la misma, adquieren una fuerza expresiva nueva junto a la que ordinariamente conllevan. Dos poemas serán estudiados en esta parte: «Unidad en ella» y «Las águilas» de *La destrucción o el amor.*

UNIDAD EN ELLA

Cuerpo feliz que fluye entre mis manos,
rostro amado donde contemplo el mundo,
donde graciosos pájaros se copian fugitivos,
volando a la región donde nada se olvida.

5   Tu forma externa, diamante o rubí duro,
brillo de un sol que entre mis manos deslumbra,
cráter que me convoca con su música íntima,
con esa indescifrable llamada de tus dientes.

Muero porque me arrojo, porque quiero morir,
10 porque quiero vivir en el fuego, porque este aire de fuera
no es mío, sino el caliente aliento
que si me acerco quema y dora mis labios desde un fondo.

Deja, deja que mire, teñido del amor,
enrojecido el rostro por tu purpúrea vida,
15   deja que mire el hondo clamor de tus entrañas
donde muero y renuncio a vivir para siempre.

Quiero amor o la muerte, quiero morir del todo,
quiero ser tú, tu sangre, esa lava rugiente
que regando encerrada bellos miembros extremos
20   siente así los hermosos límites de la vida.

Este beso en tus labios como una lenta espina,
como un mar que voló hecho un espejo,
como el brillo de un ala,
es todavía unas manos, un repasar de tu crujiente pelo,
25   un crepitar de la luz vengadora,
luz o espada mortal que sobre mi cuello amenaza,
pero que nunca podrá destruir la unidad de este mundo.

La metáfora muerta de este poema es el amor-pasión vol-
cánico, frecuente entre los poetas románticos del siglo XIX
y que consiste en que el corazón de los amantes arde como
un volcán lleno de fuego de pasión amorosa. En «Unidad en
ella» Aleixandre funde toda su visión amorosa y filosófica
del mundo. La fusión, tan repetidamente encontrada en varios poemas estudiados, aquí se la siente en la pasión de él
por llegar a ser una sola vida esencial en la de la amada y
en la bella intuición de ver y sentir en ella el mundo
unificado y que justifica el título del poema: «Unidad en
ella». La muerte o el amor es el medio para alcanzar tal
fusión; siendo la muerte sinónimo de amor, es lógico que
el amante buscará morir, buscará suicidarse muy contento
como el amante de «Suicidio hacia arriba» de Pedro Salinas.
Ese suicidio feliz del amante en el poema se realiza a través de la trillada metáfora del amor visto como volcán
ardiente de pasión. En él (la amada) quiere el amante

arrojarse y ser la lava rugiente y encendida de su sangre. La importancia de todo el contexto metafórico está en que siendo el volcán el plano real y la amada el plano irreal de la relación figurativa, dicha relación queda hecha, no necesariamente para expresar ese enorme amor-pasión romántico que arde en el corazón de unos de ellos, sino porque el volcán en el poema es la metáfora que exalta el concepto de muerte equivalente en esta poesía (y en la romántica también) al amor. Esta idea se desarrolla más aún cuando el amante aspira a ser la lava (la sangre) que recorriendo los puntos más extremos del cuerpo de la amada siente haber recorrido «los hermosos límites de la vida» (verso 20). Se puede sentir la idea central de la muerte o el amor si se considera que en cada estrofa el elemento formal integrante, y que relaciona a todas ellas, es la sangre en su calidad de líquido que fluye y en su color. Se hallan aludidos estos dos elementos en la primera y segunda estrofas, «Cuerpo feliz que fluye» o «rubí duro», de los cuales se pasa al cráter, al fuego y a la explícita y potentísima identificación culminante de la lava con la sangre. Se habla en la estrofa final de «luz o espada» para relacionarla con la vida o la muerte amorosa que la amada produce siendo la luz sobre la sombra del amante, antes de ser amado. Por otra parte con la metáfora del volcán las ideas de unidad y fusión se concretizan al máximo no sólo porque al morir en él está amando a ella y al mundo al mismo tiempo sino porque él va a ser parte integrante y esencial de ella al hacerse su lava, esto es, su sangre. Al decir que él quiere ser la sangre de la amada lo que se implica es que él ansía esencializarse en ella, llegar a ser ella misma, entidad amorosa nueva y a la vez cósmicamente indivisible. En el mismo poema hay otras expresiones que en el lenguaje común son redundancias retóricas vacías como «renuncio a vivir para siempre» o «quiero morir del todo» (versos 16-17) que son propias además de esos poemas volcánicamente amorosos del siglo XIX. Sin embargo aquí son términos que se justifican por el contexto metafórico nuevo en el que aparecen, pues ese renunciamiento total a «vivir para siempre» y las ansias a «morir del todo» son significativos sabiendo que el amante ansía esencializarse en ella, es decir, quiere él ser el «tú» dejando de ser él (verso 18); además ese «para siempre» eterno se justifica si la amada es el mundo y el amor de ésta, como el mundo, es eterno, que nunca se acabará. No son pues aquellas expresiones meras palabras emotivas sino términos debidamente controlados por la metáfora y el alcance interpretativo del poema. Esta consideración no excluye, desde luego, las expresiones harto convencionales que Cernuda acertadamente encuentra como fallas, sobre todo en *Sombra del paraíso*, y que aumentarán en *Historia del corazón*, como «blanca luna», «dientes blancos» y «agitado corazón»[11].

LAS ÁGUILAS

El mundo encierra la verdad de la vida,
aunque la sangre mienta melancólicamente
cuando como mar sereno en la tarde
siente arriba el batir de las águilas libres.

5   Las plumas de metal,
las garras poderosas,
ese afán del amor o la muerte,
ese deseo de beber en los ojos con un pico de hierro,
de poder al fin besar lo exterior de la tierra,
10 vuela como el deseo,
como las nubes que a nada se oponen,
como el azul radiante, corazón ya de afuera
en que la libertad se ha abierto para el mundo.

---

[11] Cernuda, pág. 232.

Las águilas serenas
15 no serán nunca esquifes,
no serán sueño o pájaro,
no serán caja donde olvidar lo triste,
donde tener guardado esmeraldas u ópalos.

El sol que cuaja en las pupilas,
20 que a las pupilas mira libremente,
es ave inmarcesible, vencedor de los pechos
donde hundir su furor contra un cuerpo amarrado.

Las violentas alas
que azotan rostros como eclipses,
25 que parten venas de zafiro muerto,
que seccionan la sangre coagulada,
rompen el viento en mil pedazos,
mármol o espacio impenetrable
donde una mano muerta detenida
30 es el claror que en la noche fulgura.

Águilas como abismos,
como montes altísimos,
derriban majestades, troncos polvorientos,
esa verde hiedra que en los muslos
35 finge la lengua vegetal casi viva.

Se aproxima el momento en que la dicha consista
en desvestir de piel a los cuerpos humanos,
en que el celeste ojo victorioso
vea sólo a la tierra como sangre que gira.

40 Águilas de metal sonorísimo,
arpas furiosas con su voz casi humana,
cantan la ira de amar los corazones,
amarlos con las garras estrujando su muerte.

En «Las águilas» el lugar común es: beber la luz, el amor,
de los ojos del ser amado. Se vivifica este lugar común

porque en el poema es el símbolo de la muerte o el amor o la libertad; se bebe aquí la sangre que es la luz y el sol mismo (amor y muerte) «con un pico de hierro». Las águilas que tienen «plumas de metal», «garras poderosas» y «pico de hierro» (versos 5-8) son la libertad y en un plano imaginativo son a su vez el sol. La belleza de la relación poética es la siguiente: por una parte las águilas son el sol (águila o sol) (versos 19-22); por otra, y la más importante, «ese deseo de beber en los ojos con un pico de hierro», que equivale a «poder al fin besar lo exterior de la tierra» (versos 8-9), es artísticamente equívoco por dos razones: 1) se refiere al hecho de que bebiendo la luz de los ojos de la amada, que es el sol, alcanzará la libertad suprema que equivale a la libertad que trae consigo la muerte o el amor; 2) el poeta ansía beber el sol en sus ojos, como copas, para sentir el efecto de libertad. Esta interpretación, que se subordina a la anterior, halla su desarrollo en la estrofa cuarta que, siendo la continuación de la primera interpretación, sirve también para esta segunda: el sol está en contacto directo, libre, con la pupila. No hay nada que se interponga en el camino a este contacto amoroso (sol-pupila). Amor o muerte y libertad son pues aquí un mismo concepto porque con aquéllos se puede alcanzar ésta. Las águilas poderosas acaban con todo lo que se opone a su libre vuelo; hasta el viento queda hecho pedazos al paso de aquéllas. Carlos Bousoño explica parte de la estrofa quinta de este poema (la de las alas aquilinas que rompen el aire marmóreo en mil pedazos) para afirmar que con tal metáfora (del aire visto como mármol despedazado) Aleixandre quiere expresar la poderosa «fuerza de las águilas» [12]. Si bien esto es parcialmente verdad, es muy incompleto porque lo que Aleixandre

---

[12] Bousoño, pág. 161.

quiere hacer con aquella relación imaginaria es, sobre todo, expresar el instinto o la pasión brutal o elemental de libertad. Nada, absolutamente nada, ha de oponerse o impedir el curso libre de esas águilas libres. Ni el aire ha de salvarse del castigo si obstaculiza el paso o vuelo de estos seres sedientos de libertad cósmica.

En los varios poemas que se han estudiado hay casos de mitos que han servido de base para sus estructuras respectivas. Así se vio en «Al hombre» la idea del barro bíblico, o la serpiente paradisíaca en los dos primeros poemas de este capítulo. Se pueden añadir a estos fenómenos aquéllos en los que el autor, usando expresiones comunes, las reconstruye poéticamente como cuando dice «jauría de dulces acechanzas» valiéndose de la expresión «jauría de perros» o, como en el caso de Salinas, cuando la expresión «cuesta abajo» se reconstruye expresivamente en «mejilla abajo», o «girasol» pasa a ser en un poema «giraluna». Si el poeta es o no consciente de la novedad que introduce al decir «mejilla abajo» invocando «cuesta abajo» es de poca o ninguna importancia. Sin embargo el hecho de que el lector ha de estar alerta a la forma evocada importa mucho. Este punto contradice lo que Bousoño sostiene: que el lector no necesita conocer la frase hecha que ha estimulado la aparición de la nueva [13]. Para comprender el sentido, el alcance y repercusión que puede tener la frase nueva en el poema, es preciso conocer la vieja forma sintáctica evocada. Por otra parte, el lector se impresionará y deleitará más con tal conocimiento previo que sin él.

Deben incluirse en esta parte ciertos juegos ingeniosos del lenguaje que, como en el caso de Salinas, son, por una parte, virtuosismos que halagan y, por otra, sobre todo, son

---

[13] *Ibid.*, pág. 215.

auténticos medios de expresión. Hay juegos como los siguientes: la luna en «Mar en la tierra» «siente que un viento
la riza sonriendo», Aleixandre juega con la risa (reír) y riza
(de rizar algo) asociada con sonriendo. En «Quiero pisar»
el poeta, buscando los contrastes, dice: «Quiero muslos de
acero, acaso musgo tenue». En «Soy el destino» es esencial
para la comprensión del poema esa «rosa rumorosa» de la
vida del mundo. Ya se vio en la superposición metafórica
el juego de lata con late para referirse a la acertada confusión de la soledad y tristeza de la luna (lata, medalla colgada
en el pecho) y la tristeza y situación dolorosa del corazón
suspenso.

TENSIÓN POÉTICA

En Aleixandre es también muy frecuente encontrar una
estructura doble que proviene de la naturaleza temática doble. Esta estructura paralela, que es la expresión de la doble
perspectiva del tema en cuestión, crea en el poema una especial atmósfera de tensión. Por ejemplo en «Soy el destino», dicha tensión consiste en la negación y afirmación de
la segunda y la tercera parte respectivamente. En aquélla
se niega el límite contra la fusión; en la tercera, consecuentemente, se afirma e identifica la fusión del mundo. Otro
ejemplo excelente es «Ven siempre, ven» de *La destrucción
o el amor*. En la primera parte, el amante le pide a ella que
no se acerque a él: en la segunda, él desesperadamente le
ruega que venga, que se acerque a él. La negación de la
primera parte es tan insistente que el lector al principio
cree que de lo que se trata es de un poema negativo similar
a «Como serpiente» y lo que sucede es lo contrario porque
la segunda parte define, integrando a la primera. Esta paradójica estructura se explica, específicamente, de la siguien-

te manera. Se le pide a ella (siendo la luz resplandeciente) que venga, no como luz, porque se convertiría él en un lucero solitario, sino apagada, aunque encendida en amor. En «La luz», del mismo libro, la tensión proviene de las ansias que siente él por averiguar el origen de la luz por un lado y, por otro, de la falta de respuesta. Ese misterio que parece se va a esclarecer en el poema, al final permanece incógnito y el poeta se conforma con los efectos de la causa que ignora.

LA UBICACIÓN EFECTIVA DE LA PALABRA

En esta poesía donde el verso es totalmente libre y completamente irregular, se podría pensar que la disposición de éste no tiene ninguna significación. No es así, pues se encuentra efectividad expresiva en el orden no sólo del verso dentro del poema sino de la palabra dentro de aquél. En «Unidad en ella», por ejemplo, los versos 10 y 12 contienen dos palabras temáticamente capitales: «fuera» y «fondo». Estas están ubicadas para resaltar su importancia al final de cada verso y han sido además aliteradas. El primero corresponde al aire externo de «fuera» y el otro al «caliente aliento» del volcán que le viene al amante a dar la vida o muerte desde el «fondo». «Fondo» es más expresivo que el término *dentro*, por ejemplo. Es también frecuente en esta poesía sintetizar todo el tema del poema no sólo en el título sino sobre todo en la última estrofa y aun en la última línea de la misma. Así se puede encontrar la «Unidad en ella» del título repetida y unificada en la «unidad de este mundo» del fin del poema. Ella (la amada), del título, conforma la unidad del mundo de la última línea [14].

---

[14] Aleixandre usa títulos como «Unidad en ella» que son ambiguos; aquí puede referirse a ella o sea la amada, a la vida, a la muerte o a la

En la última estrofa de «Ven siempre, ven»:

> ¡Ven, ven, muerte, amor; ven pronto, te destruyo;
> ven, que quiero matar o amar o morir o darte todo;
> ven, que ruedas como liviana piedra,
> confundida como una luna que me pide mis rayos!,

la co-fusión esencial del poema, resaltada en la última línea de manera sintética, se reproduce fonética, sintáctica y visualmente por la forma de su ubicación. La repetición de la «o» identificativa ayuda aquí para tal efecto. En la estrofa penúltima:

> Ven, ven, amor mío; ven, hermética frente, redondez
>   casi rodante
> que luces como una órbita que va a morir en mis brazos;
> ven como dos ojos o dos profundas soledades,
> dos imperiosas llamadas de una hondura que no conozco,

se realiza otro efecto plástico, el de la redondez, sinónimo aquí de la cerrada fusión y unidad universal y que a su vez concuerda con la hermética (redondamente cerrada) frente, como el sol, de la amada. Se logra tal efecto primero con la ubicación de las palabras «redondez» y «rodante» al fin de sus versos respectivos y luego por la reiteración de la «órbita» (sol) que va a morir en los brazos del amante. En «Canción a una muchacha muerta» en la cual el poeta imagina correr la vida bajo tierra, habla de cómo el sol, como viento con su pájaro o mano, acaricia el cabello o dulce hierba de este hermoso cuerpo muerto o vivo. Se desarrolla

---

naturaleza entera. Se sabe claro que el mundo y la amada son una misma cosa. Kessel Schwartz, en su libro *Vicente Aleixandre*, New York, Twayne Publishers, Inc., 1970, pág. 87, traduce este título como «Unity in It» que no es una traducción satisfactoria, aunque se reconoce que «Unity in Her» tampoco acierta por la limitación que impone el pronombre femenino en inglés.

esta acción principal a través de cuatro acciones secundarias expresadas no sólo con las palabras en sí, sino también, y sobre todo, a través de su premeditada posición en el verso.

> Dime por qué sobre tu pelo suelto,
> sobre tu dulce hierba acariciada,
> *cae, resbala, acaricia, se va*
> un sol ardiente o reposado que te toca
> como un viento que lleva sólo un pájaro o mano.

En el verso «Soy el caballo que enciende su crin contra el pelado viento», de «Soy el destino», se reproduce el movimiento del viento que levanta, esparciendo, la crin del bello equino. En vez de terminar Aleixandre el verso con el sustantivo antes del adjetivo, como es la construcción normal, ubica el «viento», término suave, al final de la línea, reproduciendo así ese suave alargamiento que plásticamente expresa la intuición y se opone a la terminación brusca del «viento pelado», por ejemplo, que vendría muy mal en el poema. Estas consideraciones son sólo un ejemplo de la preocupación de Aleixandre por valerse de todo medio técnico posible para lograr una exacta expresividad de su intuición poética.

El mundo poético de Aleixandre, específicamente el de *La destrucción o el amor* y *Sombra del paraíso*, presenta en brevísima síntesis los siguientes puntos formales y temáticos:

1) Una preocupación fundamental frente al mundo, a la creación, que se define en el ansia por ser el poeta el centro de la vida, centro que siente la palpitación de la sangre, que siente el amor o la muerte de todos los seres del universo con los cuales se funde. Amor o muerte son los medios úni-

cos para llegar a esa fusión suprema que recuerda la unión del alma con Dios en la literatura mística.

2) La pluralidad metafórica en este poeta es esencial para concretar esa fusión universal de lo dispar y variable. Así, la fusión artística de las metáforas en el poema es la fusión vital de los seres y cosas elementales de la creación. O sea, la fusión del poema es la representación de la fusión del mundo.

3) La elementalidad de los seres y las cosas, tema que es parte del que se acaba de mencionar, halla su definición poética en el tipo de seres y objetos que conforman las metáforas. En la poesía de Aleixandre son típicas las metáforas de la selva, el mar, los campos, el aire y todas sus criaturas, desde el elefante hasta el escarabajo, desde el águila hasta la hormiga. Es un mundo panteísta elemental que latiendo en cada poema distingue y marca la originalidad y tipicidad del arte inconfundible de Vicente Aleixandre.

4) Esa integridad absoluta que se siente en el mundo poético de Aleixandre proviene, si bien y sobre todo de lo dicho en el número dos, también de la singularidad metafórica; una metáfora que sirve para construir un poema y expresar la tesis y la antítesis del tema. Así lo que se siente al comprender este fenómeno es como si Aleixandre al escribir un poema ya tuviera en él, en su metáfora, su opuesto en potencia.

5) Los otros procedimientos importantes como el dinamismo, la metaforización, la revitalización metafóricos y otros juegos lingüísticos, si bien son comunes en otros poetas de la generación, como Salinas y Guillén, adquieren en Aleixandre una función especial de expresividad definida por la naturaleza del tema general del poeta y el asunto particular de cada poema.

V

EL DESARROLLO METAFÓRICO EN GUILLÉN

Jorge Guillén, con su preocupación formal, característica suya, divide nítidamente su obra general en tres series: *Cántico: Fe de vida; Clamor: Tiempo de historia; y Homenaje: Reunión de vidas. Guirnalda civil*, su último libro, publicado en 1970, no se sabe a qué serie será incorporado; tal vez a la segunda o a una nueva. *Cántico* —que aquí será el centro de atención— apareció por primera vez en 1928 con 75 poemas; se complementa definitivamente en 1950 con 334 poemas distribuidos cuidadosamente en cinco partes. Entre las fechas anotadas, 1936 y 1945 marcan los otros momentos del crecimiento de este libro. Este constante crecimiento, de cuatro etapas, es el caso más curioso que se conoce y que hace meditar y admirar la maravillosa forma en que se realiza una obra de arte. Este hermoso y lento crecimiento, ha dicho Salinas, es el «crecer del árbol que sin moverse de lo que es, se aumenta, se complica, se robustece, llega a más alto con sus ramas, da más sombra, alegra a más espacios del aire» [1].

---

[1] Pedro Salinas, *Literatura española siglo XX*, 2.ª ed., México, Antigua Librería Robredo, 1949, pág. 175.

Entrar en el mundo de *Cántico* es entrar principalmente en un clarísimo cosmos de alegría, de completo regocijo del ser frente al gran prodigio de la creación, de la rotunda presencia del volumen, perfil y cuerpo de las cosas que le circundan y de las cuales aquél se siente esencialmente dependiente. *Cántico*, como su título sugiere, es el canto de acción de gracias que eleva el poeta al universo por el hecho de ser y estar, aquí y ahora, entre la maravilla varia de las cosas concretas. Esta es la poesía del pasmo total, pasmo frente a una silla, un vaso de agua, un río, un émbolo que como realidades crean y centran al poeta. Siendo la luz su gran aliada, cada aurora será el inicio de una nueva creación con su «primer vergel» paradisíaco («Más allá», parte IV, versos 49-50). El «más allá» de las cosas es el fin para el cual y por el cual el ser existe. *Cántico* es en síntesis «Fe de vida».

Esta visión filosófica, que se acaba de sintetizar, relacionada con su forma poética, permite hacer dos anotaciones preliminares que iluminarán mejor el proceso poético en general:

1) Guillén, teniendo ya definida en su mente tal visión, al encontrarse con cualquier cosa cotidiana (un vaso de agua, una mesa), hace de ella el justo medio para dar expresión a su visión; esa cosa, pasando a ser la metáfora con la cual se expresa la respectiva idea, se convierte en un nuevo punto de partida y en un nuevo pretexto de acercamiento al tema capital. Pero esta cosa, además de ser medio expresivo, adquiere, por la naturaleza típica del tema de Guillén, un valor intrínseco absoluto. Así, el autor se ha de identificar con aquel objeto al ser éste la misma realidad suprema de la cual depende absolutamente su ser. Esta consideración trae a su vez una importante consecuencia que es el logro de la unión esencial y excepcionalmente milagrosa

entre forma y fondo por ser el objeto la expresión (metáfora) y la idea misma.

2) Guillén, como también Salinas y Aleixandre, es un poeta que artísticamente explota cada cosa de su alrededor por más ordinaria y común que ésta sea. La sorpresa emana aquí del trascendentalismo temático encarnado o expresado con el objeto vulgar (radiador, silla o émbolo) al que el hombre práctico, teniéndolo tan cerca, pasa por alto.

LO ARQUITECTÓNICO

Se comenzó el capítulo de Salinas con el análisis de su poema introductorio que trataba de los eslabones que diariamente forjó el poeta para formar la cadena de su obra total. Con aquella metáfora de la cadena se definieron la sólida unidad de cada poema y consiguientemente del conjunto que constituye. Guillén hace lo mismo al dirigirse «a quien leyere» su obra en los siguientes términos:

Contigo edificado para ti
quede este bloque ya tranquilo así.

Este poema importa mucho sobre todo por las palabras tan típicas de Guillén, «edificado» y «bloque». Como Salinas, que utilizó la metáfora del forjar, así Guillén elige la del edificar, que implica planeamiento, precisión y esfuerzo en la labor poética, para expresar la naturaleza formal de su obra. El «bloque» que resulta de esa edificación alude a la sólida, compacta y firme unidad de la obra levantada en forma de edificio. Se ha de sentir tal unidad no sólo en la obra total, sino también, en sus series como *Cántico*, en las partes de éste y, muy especialmente, en cada uno de los poemas que son bloques menores integradores del bloque mayor del libro en cuestión. El empeño formal implícito en esta perspectiva poética de lo arquitectónico presenta un nuevo punto relacionado con la filosofía del mundo de Guillén. En la poesía de *Cántico* se siente intelectual y hasta visualmente una definida conciencia de forma. Se empeña el poeta en conseguir una luminosa precisión estructural (en cada verso, en cada poema, en cada parte y en el libro total) que es la expresión simbólica del tema o intuición universal y esencial del poeta: definir con plenitud cenital la forma y el volumen de las cosas. Las masas concretas, con perfiles definidos, de las que el ser depende, importan y deben estar, de acuerdo con su visión, sobre el caos, lo informe y borroso. Es lo contrario entonces a lo que Amado Alonso, con acierto, vio en una parte de la poesía de Pablo Neruda: «El nombre confuso, lo informe del poema, tiene que expresar simbólicamente lo informe de la realidad»[2] (que equivale a dar forma plena a lo informe). Este fenómeno es lo que el mismo crítico llama «la voluntad de estilo»[3] del autor y que en Guillén consiste en dar una artística forma —precisa, clara y justa— que exprese la forma precisa y justa de las cosas. En otras palabras: la idea temática de las cosas en su esplendor de forma halla expresión en la exactitud y claridad formal del poema. La perfección formal arquitectónica de la poesía de Guillén se evidencia en cualquiera de los poemas que se analizan en este capítulo, pero para anticipar uno, admírese el siguiente:

PERFECCIÓN

Queda curvo el firmamento,
Compacto azul, sobre el día.

---

[2] Amado Alonso, *Poesía y estilo de Pablo Neruda: Interpretación de una poesía hermética*, Buenos Aires, Losada, 1940, pág. 134.
[3] Amado Alonso, pág. 136.

> Es el redondeamiento
> Del esplendor: mediodía.
> Todo es cúpula. Reposa,
> Central sin querer, la rosa,
> A un sol en cenit sujeta.
> Y tanto se da el presente
> Que el pie caminante siente
> La integridad del planeta.

La perfección del universo sentida por el poeta, al mediodía, está representada con la clarísima perfección artística del poema en el que cada palabra es una pieza precisa con la que se eleva este edificio [4]. Empieza con el sólido verso «queda curvo el firmamento», para descender y sentir la firmeza del suelo donde «el pie caminante siente / la integridad del planeta». En medio del mundo y del poema aparece la rosa encarnando el cenit y por tanto la perfección suprema del día.

LA PALABRA POÉTICA DE GUILLÉN, ¿SIM-PLEMENTE DICE O TAMBIÉN SUGIERE?

El problema que es preciso poner aquí en claro es el de la palabra poética de Guillén que según algunos críticos solamente dice y no sugiere [5]. Amado Alonso ha indicado que «cada palabra, cada frase, cada oración, cada período significa su objeto. Los poetas saben muy bien que las palabras además de significar, sugieren, que además de declarar un

---

[4] Concha Zardoya, *Poesía española contemporánea: Estudios temáticos y estilísticos*, Madrid, Guadarrama, 1961, pág. 307. Esta crítica menciona el carácter arquitectónico de este poema.

[5] Joaquín Casalduero, *Jorge Guillén: Cántico*, Santiago, Cruz del Sur, 1946, pág. 18.

acto de razón expresan nuestro clima interior anímico, que en ellas cabalga y se dispara nuestra fantasía, se traducen nuestras apetencias y aversiones, nuestra estimativa y las más fugaces emociones»[6]. Este es el caso de todo poeta y éste es el de Guillén. Para explicar este punto se puede utilizar el mismo poema antes transcrito: «Perfección». Cada palabra usada aquí como metáfora («rosa», «cúpula», «sol») significa su respectivo objeto (rosa, cúpula, sol), pero además, y sobre todo, sugiere; tal cualidad sugestiva proviene de la calidad metafórica de la palabra poética y del contexto que desarrolla la intuición respectiva. Así la «rosa» será por el contexto poético no sólo «rosa» sino además sinónimo de perfección, perfección que el poeta intuye en la hora cenital del día. La «cúpula» y el «sol» apuntarán a lo mismo: la susodicha perfección. ¿Cómo? Primero por su calidad esférica y segundo por su posición elevada y vertical que equivale al mediodía. Por otra parte, estando las tres palabras en un mismo plano figurativo y en íntima relación mutua, sugerirán la transmisión de la perfección en todos los elementos de la creación. Así, todo es cúpula y la rosa está conectada o «sujeta» al sol. Además el carácter esférico de la «rosa», la «cúpula» y el «sol» sugiere la integridad del planeta, anticipada inicialmente con lo «curvo» del firmamento y luego con el «redondeamiento / del esplendor: mediodía». Insistir, pues, en que Guillén dice y no sugie-

---

6 Amado Alonso, págs. 145-146. Dámaso Alonso dice: «Hace veinticinco años admiraba yo en Jorge Guillén la perfección formal, su dominio del idioma como vehículo riguroso de un pensamiento iluminado, su capacidad de llevarlo por zig-zags ceñidísimos hasta la meta exacta de la expresión, su sentido intuitivo del molde, de la feliz estructura poética, la hondura de su imagen, más inclinada hacia *sugerir* pensamiento que plástica o representable, pero también muchas veces poderosamente intuitiva». Dámaso Alonso, *Poetas españoles contemporáneos*, 3.ª ed., Madrid, Gredos, 1965, págs. 201-202.

re es un contrasentido. En su poesía, como en toda estructura poética, la palabra significa y a la vez sugiere. Si se negara el carácter alusivo o sugestivo de la palabra en esta poesía, piezas como «Sábado de Gloria» (usando un nuevo ejemplo) perderían su esencial valor expresivo.

SÁBADO DE GLORIA

Sábado.
　　　　　¡Ya gloria aquí!
Maravilla hay para ti.

Sí, tu primavera es tuya.
5　¡Resurrección, aleluya!

Resucitó el Salvador.
Contempla su resplandor.

Aleluya en esa aurora
Que el más feliz más explora.

10　Se rasgan todos los velos.
Más Américas, más cielos.

Ha muerto, por fin, la muerte.
Vida en vida se convierte.

Explosiones de esperanza.
15　¡A su forma se abalanza!

Por aquí ha pasado Aquél.
¡Viva el Ser al ser más fiel!

Todo a tanta luz se nombra.
¡Cuánto color en la sombra!

20　Se arremolina impaciente
La verdad. Triunfe el presente.

Alumbrándome fulgura
Ya hoy mi suerte futura.

Magnífico el disparate
25 Que en júbilo se desate.

El Señor resucitó.
Impere el Sí, calle el No.

Sí, tu primavera es tuya.
¡Resurrección, aleluya!

30 Sábado.
    ¡Gloria!
        Confía
Toda el alma en su alegría.

Si cada aurora es una nueva creación del mundo, cada día será para el poeta un día especial, de fiesta, un sábado en que el cuerpo o el alma, que es lo mismo en esta poesía, se han de alegrar. En el presente poema el sol es Jesucristo que, resucitando por el alba y acabando con el *no* de las tinieblas, devuelve y afirma el ser del mundo en un pleno *sí*. Con la resurrección del «Salvador», o del sol, el mundo se llena de «resplandor». Importa el segundo verso —«¡Ya gloria aquí!»— por introducir un elemento temático complementario que se encontrará en varios poemas y que corresponde a la gloria de este mundo, «aquí», de las cosas, en las cuales el alma se realiza. La «gloria» de Guillén es pues la del «más allá», otro concepto importante, de las cosas cotidianas que le rodean al ser. Cuando se dice que con tal resurrección hay «más Américas, más cielos», se alude a que con la llegada del sol el ser puede ver y ver más tierras, tierras nuevas y cielos. El caso estilístico de «Américas» es distinto de aquellos otros como «resurrección» o «resplandor». «Américas» equivale sólo a «tierras nuevas» o «más tierras» por ser que otra interpretación no sería posible al no permitirla el contexto poético respectivo. O sea Guillén ha significado «tierras nuevas» sin usar tales palabras (tierras nuevas) sino otra distinta: «Américas». En cambio, «resurrección», por ejemplo, significa resurrección de Cristo y sugiere simultáneamente la resurrección, o salida, del sol. Es imposible, y además innecesario, entonces, hablar de una palabra directa y nada alusiva en la poesía de Guillén. Su palabra, como en la de todo poeta, como afirmó Amado Alonso al principio de esta parte, dice o significa y alude o sugiere; no hay siquiera necesidad de poner más énfasis ni en el uno ni en el otro extremo porque esa exactitud o precisión que tanto le encanta al poeta, y es parte de su visión del mundo, está lograda perfectamente con el doble carácter de la palabra poética, como se ha de ver más adelante.

LA ESTÉTICA DE LO GEOMÉTRICO

Hablar de este aspecto en la poesía de Guillén es definir principalmente el tema de lo exacto que para algunos sirvió de base para criticar a esta poesía de fría, deshumanizada y ultra intelectual, opinión ésta que ya ha sido superada y muchísimas veces probada como errónea. Guillén, amante de lo claro, de la radiante realidad de las cosas, no puede tolerar indefiniciones o borrosidades en la masa o volumen de las cosas; su preocupación es admirarlas en sus escuetos perfiles, definirlas en sus exactos límites. La fijación de aquéllos avanza hasta la demarcación de lo misterioso. Si tales son sus aspiraciones, sus medios de expresión han de tener muchísimo que ver con lo geométrico, sobre todo. Pero además de lo exacto, visto en sus dos aspectos —lo exacto propiamente dicho y la demarcación de lo misterioso—, con tales metáforas geométricas expresa otros subtemas complementarios, como la eternización y el carácter elemental, o esencial, de lo real. Estos cuatro puntos —incluyéndose las dos ideas de lo exacto antes mencionadas— serán vistos con los siguientes ejemplos respectivos: «Perfección», «Perfección del círculo», «Anillo» y la «Ciudad de los estíos». Se ha de anticipar aquí un punto esencial que no contradice lo dicho en la sección inmediatamente anterior y es que con la metáfora de lo geométrico, es decir, con un lenguaje poético figurativo, logra el poeta expresar lo exacto y los otros temas que se han mencionado. Es paradójica la llegada a la exactitud expresiva de lo exacto a través de un lenguaje figurativo que, precisamente por ser tal, es más justo y exacto que el directo.

Lo exacto: A) La perfección exacta del día. Hay sobre todo dos poemas que se podrían considerar en la discusión de este punto: «Perfección» y «Las doce en el reloj»; pero en el que aparece una estructura metafórica geométrica más notoria y total es en el primero cuyo texto quedó ya transcrito al discutirse su forma arquitectónica. La perfección que el poeta con pasmo siente en la exacta hora del mediodía se expresa con absoluta precisión a través de la metáfora del firmamento «curvo» que, uniéndose con el suelo, produce el poderoso efecto de la «compacta integridad» (esférica y vital) del planeta. En el centro de esta esfera está la rosa, como el sol, acentuando la idea de lo perfecto. La circularidad del sol, de la rosa y de la cúpula refuerzan tanto la circularidad del mundo en su perfecta integridad como el «redondeamiento» del resplandor vital aludido.

B) La demarcación de lo misterioso. Tal efecto de lo geométrico se puede apreciar en «Perfección del círculo»[7].

PERFECCIÓN DEL CÍRCULO

Con misterio acaban
En filos de cima,
Sujeta a una línea
Fiel a la mirada,

5   Los claros, amables
Muros de un misterio,
Invisible dentro
Del bloque del aire.

Su luz es divina:
10 Misterio sin sombra.
La sombra desdobla
Viles mascarillas.

Misterio perfecto,
Perfección del círculo,
15 Círculo del circo
Secreto del cielo.

Misteriosamente
Refulge y se cela.
—¿Quién? ¿Dios? ¿El poema?
20 —Misteriosamente...

El poema se desarrolla alrededor de un círculo que en su visión física e intelectual hace ver al poeta dos cosas: *a*) su perfección, su exactitud, y *b*) su misterio; la tensión poética

---

[7] Pierre Darmangeat, *Antonio Machado, Pedro Salinas, Jorge Guillén*, Madrid, *Ínsula*, 1969, págs. 239-247. Analiza el crítico este poema extensamente. Mis consideraciones difieren en parte de las suyas.

esencial proviene de la yuxtaposición de estos dos elementos contrarios pero complementarios de la realidad del círculo. La tensión entre el misterio que está dentro del círculo y la línea o perfil que lo ciñe y da forma, o mejor, que le impide ser más misterioso, produce el equilibrio del poema que equivale al equilibrio entre misterio y claridad. Por un lado, aparece la palabra «misterio» seis veces, más los términos asociados con aquélla: «invisible», «sombra», «mascarillas», «secreto» y «se cela»; y por otro, abundan los términos contrarios como «cima», «claros», «luz», «refulge» y lo circular definido en la «línea» y los «filos» de la forma geométrica respectiva. Junto a la circularidad que ciñe y perfila el misterio de dentro, el poeta usa su metáfora favorita del «bloque» de aire que constituye en sí una nueva realidad pero que a su vez concretiza el misterio del círculo; así, pues, el misterio se ha quedado reducido o limitado no sólo en su perfil circular sino también en su peso: «bloque», que, por otra parte, concretiza la existencia del aire como una realidad que el poeta puede sentir en su volumen o masa. En la última estrofa aparecen Dios y el poema. Con esta inclusión se expande la tensión del misterio y la claridad perceptible en el círculo y también en los conceptos de «Dios» y del «poema». Es importante ver cómo la igualdad entre Dios y el poema hasta la edición de 1936 se reforzaba con la mayúscula del «Poema». El cambio realizado a la minúscula no es acertado porque esa igualdad, originalmente expresada por el autor, adquiría mayor significado y énfasis con el «Poema» (mayúscula) que miraba cara a cara a Dios en su misterio y perfección. Se ha de recalcar que la fuerza expresiva del poema radica, primero, en la tensión de lo misterioso (dentro del círculo) ceñido por el cerco de aquél; y, segundo, en la paradójica armonía que resulta de esa tensión. El círculo en su integridad es una armonía como la

armonía que proviene del misterio y la perfecta exactitud
de Dios y el poema. Lo que se puede técnicamente apreciar
de esta práctica poética de lo geométrico es que este elemento (círculo) es la metáfora en sí y a la vez el tema de
la perfección (del círculo).

La eternización. — La eternización lograda a través de lo
geométrico puede encontrarse, entre otros poemas, en «Anillo». Antes de nada es preciso realizar un análisis sintético
del poema. Éste está organizado en cinco partes con sus
estrofas que conforman la circularidad significativa del anillo. La primera y la última, con once estrofas cada una,
están a los extremos con sus ideas y metáforas complemen-
tándose. (Véanse sobre todo las estrofas séptima y novena
de cada una de estas partes.) La segunda y la cuarta parte
tienen cinco estrofas y la tercera, la central y principal del
poema, once. Básicamente, éste sigue una vía mística, que
recuerda a San Juan de la Cruz[8]. En la primera parte aparecen paralelamente los amantes y el mundo con el calor
y ardor de aquéllos (versos 1-42) junto al calor y ardor del
verano, del verano que con la tarde está en la secreta «pe-
numbra» —muy significativa para la unión mística— de la
estancia. Vale anotar aquí que la relación de la amada con
la naturaleza difiere de la situación de la amada y el mundo
en Aleixandre. En Guillén la amada es como la naturaleza;
en Aleixandre la amada es el mundo[9]. En el primero el

---

[8] Barnstone se refiere en general a San Juan de la Cruz en conexión
con *Cántico*. Alude brevemente a «Anillo». Willis Barnstone, «The
Greeks, San Juan, and Guillén», en *Luminous Reality: The Poetry of
Jorge Guillén*, editada por Ivar Ivask y Juan Marichal, Norman,
University of Oklahoma Press, 1969, págs. 31-32.

[9] Jaime Gil de Biedma, *Cántico: El mundo y la poesía de Jorge
Guillén*, Barcelona, Seix Barral, 1960, pág. 60.

paisaje pasa a ser una especie de fondo en y con el cual se expresa el amor, la pureza, y el frenesí de los amantes, mientras que en Aleixandre la amada y el mundo son una misma esencia. En Guillén este procedimiento de relación responde en última instancia a su concepto básico de la realidad y del ser que hace de la amada la realidad suprema. Poseerla es henchir más el ser ávido de realidad. Este particular hace ver cómo el amor en Guillén es un aspecto temático que responde al gran tema general del ser, hecho este que ayuda a comprender la visión unitaria de *Cántico*. Como se ha de ver, cuando se traten otros temas como el de la muerte, *Cántico* constituye un bloque no sólo formal sino también ideológico: el bloque del ser, al que se someten, fundiéndose, otros bloques ideológicos menores y constitutivos del mayor.

En la segunda parte de «Anillo», los deseos por la unión se avivan; se desea avanzar a través de la carne al absoluto. Este es el paso previo a la unión en el camino místico, momento en que el alma se inflama y arde de amor y ansias por alcanzar el pecho del Esposo. La tercera parte —la principal del poema— contiene la unión que alcanzan los amantes. Es la hora en que el amor asciende a lo absoluto y eterno. Después de la violenta y frenética unión amorosa viene el sosiego sentido por los amantes, paso éste, desarrollado en la cuarta parte del poema. En la quinta, habiendo alcanzado los amantes el amor absoluto que es la vida eterna y la gloria, no temen la muerte. Es el amor esencial de vida que cada día se renueva con la «frescura continua de rocío» (verso 18). Es el amor definitivo que no pasa, que se queda en el presente eterno: «Este amor es fortuna ya sin rueda» (verso 28). El presente eterno halla también su expresión maravillosa en «feliz el río, que pasando queda» (verso 26). ¿Cómo opera lo geométrico en el poema? El amor de estos

amantes (que a su vez quedan universalizados en los amantes) es como el sol que nunca acabará de alumbrar y que
con su perpetuo giro producirá el ciclo de la naturaleza
equivalente al de las generaciones que tornan y retornan
(parte III, verso 28) [10]. Este amor, que ya es el amor en general, es perfecto como el círculo del anillo del título; es un
amor que no se acabará porque siempre estará rodando,
circulando con la frescura del rocío (parte V, verso 18) e iluminando la vida de los dos amantes que se ha de extender
en sus hijos (parte V, verso 11). La tarde, que como en «Vida
extrema», estudiado en el capítulo segundo, quedó eternizada por la poesía, aquí se eterniza con el amor imaginado
en el círculo perfecto del anillo.

> Alrededor se consuma el verano.
> Es un anillo la tarde amarilla.
>
> (Parte III, versos 41-42.)

> ¡Sea la tarde para el sol! La Tierra
> No girará con trabazón más fuerte.
> En torno a un alma el círculo se cierra.
> ¿Por vencida te das ahora, Muerte?
>
> (Parte V, versos 41-44.)

La metáfora del círculo del anillo es entonces la idea intuida
de la perfección y la eternidad amorosa. La circularidad del
anillo es la eterna continuación del amor lograda con la
unión carnal que equivale a la unión del alma con Dios entre los místicos.

Lo elemental o esencial. — En la poesía de Guillén lo geométrico puede servir también para la expresión de lo esque-

---

[10] Eugenio Frutos, «The Circle and Its Rupture in the Poetry of
Jorge Guillén», en *Luminous Reality*, pág. 78.

mático, de lo escueto y sencillo de la realidad. Lo esencial equivale aquí a lo sencillo sin adorno que por tanto en la visión del autor es símbolo de lo trascendente y absoluto.

CIUDAD DE LOS ESTÍOS

Ciudad accidental
De los estíos. Damas
Sobre luz, bajo azul.

Sedas, extremas sedas
5 Insinúan, esquivan
Ángulos fugitivos.

Resbala en su riel
La recta. Corre, corre,
Corre a su conclusión.

10 ¡Ay, la ciudad está
Loca de geometría,
Oh, muy elemental!

Con toda sencillez
Es sabio Agosto. Vértice,
15 Fatalidad sutil.

Por una red de rumbos,
Clarísimos de tarde,
Van exactas delicias.

Y a los rayos del sol,
20 Evidentes, se ciñe
La ciudad esencial.

La ciudad antes de lo geométrico empieza siendo «accidental» para luego, dentro de aquella perspectiva, convertirse en «elemental» y, por fin, en «esencial» (versos 1, 12, 21).

La ciudad se esencializa al limitarla o ceñirla el poeta, primero dentro de una red de rectas (de las calles) y luego con la de los rayos solares. Para el poeta la recta es la suprema manifestación de lo sencillo, de lo elemental, por su clara proyección que empieza en un punto y corre directa a su «conclusión» (verso 9). El mapa o el esquema de las calles constituye una «red de rumbos, / Clarísimos de tarde» (versos 16-17). Esta red de rumbos clarísimos halla su complemento, creando a su vez la armonía total de la tarde y la ciudad, en la red de los rayos solares asimismo «evidentes» (verso 20) tanto por ser claros o luminosos como por ser rectos o directos [11]. O sea la armonía se define por la limitación de la realidad de la ciudad, con lo geométrico, en espacio y tiempo; este es el equilibrio que a Guillén se le ve alcanzar en varios otros poemas como «Panorama» en el que también aparece lo geométrico funcionando en espacio y tiempo.

El poeta ordena los tres versos de «Ciudad de los estíos»:

> Resbala en su riel
> La recta. Corre, corre,
> Corre a su conclusión

con aliteraciones y repeticiones de palabras enteras para hacer sentir mejor al lector la idea de la agilidad y facilidad con la que avanza la recta hasta su fin. Las «sedas», en la segunda estrofa, parecen, por su sola presencia, obstruir la unidad del poema; pero no es así, porque las sedas siendo «extremas» perfilan, insinuando, los ángulos de quienes las visten en agosto. Por otra parte, la ciudad no se ha ele-

---

[11] C. B. Morris, *A Generation of Spanish Poets: 1920-1936*, Cambridge, Cambridge University Press, 1969, pág. 22.

mentalizado todavía, aún es accidental; la exactitud esencial o absoluta no llegará sino con la tercera estrofa cuando con lo geométrico se empiece a metaforizar la realidad y a reducírsela a lo más esquemático y sencillo.

La estructura metafórica de lo geométrico ha servido entonces para expresar principalmente cuatro ideas: la perfección, en este caso, del mediodía; la delimitación de lo misterioso; la eternización de ciertos conceptos como el amor y el tiempo; y, por fin, la elementalidad o sencillez de la realidad. En estos poemas, de tal tipo de estructura, hay algo común que los define y es esa exactitud formal con la que aparecen. No es que en los poemas con otras estructuras no se logre tal exactitud formal; lo que se insinúa es que en aquéllos, en que el poeta maneja lo geométrico, la exactitud, propia de este elemento, trasciende mucho más por todo el poema, hasta el punto de que visualmente se puede asimilar tal exactitud (véase «Perfección»).

También hay otro medio metafórico, afín al geométrico, que sirve para la concreción, asimismo, de lo exacto y la armonía antes vistos; éste es el de lo mecánico y su mejor ejemplo es «Las máquinas».

LAS MÁQUINAS

Tanta armonía a punto de vibrar
Tiembla. ¡Qué encrucijada de crujidos!
Fragor. Y se derrumba en un escándalo
De máquinas, sin transición monótonas.
Se deslizan los émbolos. Son suaves
Y resbalan. Exactos, casi estúpidos,
Los émbolos se obstinan. Quieren, quieren
Con ansia tal que llega a ser aliento.
Hay un latido de animal. Se excita
La exactitud. ¡Exactitud ya tierna!

Comenzando por su estructura externa es posible encontrar en el poema tres momentos muy efectivamente construidos: 1) el motor que está a punto de vibrar u operar; 2) el motor que «tiembla» y el «fragor» que se inicia con una «encrucijada de crujidos» (magnífica aliteración que casi permite escuchar el movimiento de las piezas que comienzan a funcionar); 3) el movimiento «monótono» con que la máquina queda trabajando. Con los seis términos esdrújulos que aparecen después del «fragor», el poeta reproduce ese «derrumbamiento» que las máquinas producen con sus sonidos. Salinas hizo lo mismo para reproducir el amoroso «hundimiento del mundo» en «Amor, amor *catástrofe*» de *La voz a ti debida*. (El efecto está logrado con la palabra subrayada.) El derrumbamiento en Guillén es un «escándalo» que las máquinas monótonas producen con sus émbolos estúpidos. Los temas de la exactitud y la armonía aquí complementan el del ser. La exactitud mecánica perfecta con que funcionan las piezas múltiples de las máquinas produce la armonía asimismo perfecta (mecánica) en la cual aquéllas coexisten, haciéndose a su vez de la máquina en general una unidad armónica, única en sí. El movimiento obstinado de los émbolos que «quieren, quieren» llegar a ser, le induce al poeta a personificarlos y hacer de ellos una representación de sus propias ansias, ansias por afirmarse en su ser y aún ser más. La repetición de «quieren, quieren», por una parte, define la ansiedad explicada y, por otra, reproduce el movimiento mecánico del émbolo. El poeta con los dos últimos versos, como arrastrado por la fuerza del ser del poema, llega a la máxima exaltación del objeto poetizado dándole (a la máquina) el «latido de animal» con una «exactitud ya tierna». La fuerza de la palabra «animal» es la culminación de la afirmación del ser metaforizado por la máquina y, específicamente, por los émbolos.

DINAMISMO METAFÓRICO

Como ya se vio en el caso principalmente de Salinas, este fenómeno técnico del dinamismo metafórico constituía la estructura poética expresiva que el autor usó para, vívida y concretamente, representar el paso del yo del amante hacia el tú de la amada esencial, del mejor tú, del «más allá» paradisíaco amoroso. Además, ese dinamismo era la expresión de la aventura del poeta hacia lo absoluto, ideal poético éste, que Salinas mantuvo en alto a lo largo de su desarrollo poético. En *Cántico* este procedimiento metafórico se encauza básicamente hacia lo mismo, que es definir el movimiento de la nada, del caos, hacia el ser o la luz de las cosas, al «más allá» de lo real, que late en cada objeto. Es decir, ese dinamismo concretiza la evolución de la nada de la noche hacia el ser del día; el paso de lo borroso, sin perfil y caótico, hacia lo claro de la forma delineada y exacta. Ese dinamismo expresará también el ansia del yo por más y más creación, más ser, que equivale a un mejor yo, como en la poesía de Salinas cuyo ideal era buscar el mejor tú de la amada. Pero también puede expresar todo el proceso contrario a lo hasta aquí dicho. Los cinco casos principales de dinamismo encontrados en *Cántico* son los siguientes:

1. Paso de la nada al ser (ser y estar).
2. Paso de la nada sólo al ser y luego al estar (ser y estar forman el ser total).
3. Paso del ser (ser y estar) a un mejor ser (ser y estar).
4. Paso del ser y estar al estar únicamente.
5. Paso de la nada al ser (ser y estar) y su vuelta a la nada.

1. *Paso de la nada al ser:* «Hacia el nombre.»

De los poemas de Guillén que hasta aquí se han estudiado en los capítulos primero y segundo y en el presente, «Hacia el nombre» y «Las máquinas» son los mejores ejemplos para este caso. Se volverá sólo sobre el primero, puesto que el segundo quedó ya explicado al hablarse de los tres pasos del motor: *a*) a punto de vibrar; *b*) en su fragor, y *c*) en su supremo ser, cuando se halla en plena operación latiendo como un «animal» lleno de ser y buscando aún más ser. En «Hacia el nombre» se encuentran, también, varios pasos hacia la definición del ser y he aquí la definición del título, hacia el nombre. ¿De dónde va a salir la flor de «lila»? Primero del caos de un follaje, anónimo, primaveral. Luego aquélla empieza a colorearse; este color rojizo es todavía incierto y el ser entonces no ha alcanzado todavía su plenitud. Sólo al final, en el último verso y más aún en la última palabra, se define aquél con entereza: «lila» que equivale a ser. Como este poema, cuyo dinamismo estructural es la expresión misma del tema (búsqueda del ser), hay muchos otros en *Cántico*, sobre todo entre los primeros poemas de los libros (de *Cántico*) y en los primeros poemas de las partes de tales libros, como se verá luego.

2. *Paso de la nada al ser y luego al estar:* «Despertar.»

DESPERTAR

Nada. Tinieblas muelles.
Y de un golpe... ¿Qué, quién?

Restauración por vértigo,
Brusca restauración en aquel bulto

5　Que estaba así negándose,
　　Dulcemente dormido.

　　Negándose. ¿Negado?
　　Por la memoria alboreada irrumpe,
　　Vertical y de súbito,
10　Una abertura hacia el vacío.
　　¿Es una sima?
　　Sima... ¿De dónde?
　　Aquel bulto se siente ser, no está.
　　Casi ahogándose cae, cae. ¿Cuándo?

15　Y una angustia, relámpago en albor,
　　Ilumina el olvido y su desierto.
　　El atónito cae, se detiene.

　　Yo. Yo ahora. Yo aquí.
　　Despertar, ser, estar:
20　Otra vez el ajuste prodigioso.

Los pasos de la evolución del ser en el poema son estos: el ser en la «nada» (verso 1) primero es un «bulto» que está «dulcemente dormido» (versos 4-6). Luego, un bulto que es, «se siente ser», pero que todavía «no está» (verso 13), pues no se ha despertado totalmente. Por fin, el «ajuste prodigioso» (verso 20) del yo con y en el mundo se produce cuando, despierto completamente, el ser ha dejado de ser bulto y es ya un «yo» que es y está (verso 19) «ahora», en este instante, y «aquí» (verso 18), en este pedazo del mundo. La progresión se refleja o es una consecuencia metafórica de la salida del sol que, como el «Salvador» de «Sábado de Gloria», saca al hombre del caos nocturno de la muerte, a la luz de la vida. De las «tinieblas» (verso 1) de la nada, en este poema, se ha pasado a la claridad del ser que es y está en el tiempo y en el espacio con el resto de los objetos de la creación. Vale indicar que «Despertar» es el segundo poema de «Aquí mismo», de *Cántico*. Es notorio el cuidado que ha tenido el autor en empezar y terminar sus libros o secciones con poemas de despertares o de auroras y de noches respectivamente. «Aquí mismo» empieza con «Los balcones del oriente» que trata de la madrugada y con «Despertar» y terminar, con gran sentido de unidad, con «Amistad de la noche» precedido por «Quiero dormir». No se sugiere aquí que la noche, en los dos últimos poemas, sea un elemento negativo ni que tampoco el dormir, en el penúltimo, sea el hundimiento en la nada, como se podría deducir de las tinieblas de las que sale el ser en «Despertar». Aún en este poema las «tinieblas muelles» de la nada no son absolutamente negativas porque en ellas hay un bulto, «dulcemente dormido», que va a ser restaurado. Sin embargo tales tinieblas de la nada frente a la claridad del «ajuste», al final del poema, constituyen en todo caso un extremo del que emerge el ser gracias al sol. En la poesía de Guillén, y en *Cántico* en específico, la noche o el dormir es un estado en el que el ser descansa fingiéndose su nada, como dice el poeta en «Quiero dormir», para volver al mundo de la clara realidad; descanso que no implica necesariamente la absoluta destrucción de aquél. Pocos son, en realidad, los poemas en los que la noche tiene una connotación negativa absoluta. La segunda parte de «Al aire de tu vuelo» empieza con el poema «Alborada» que trata de la aurora y termina con su antítesis, «Descanso en jardín», que trata de la noche que, en este caso, sí es un elemento esencialmente negativo: «Los muertos están más muertos cada noche».

3. *Paso del ser (ser y estar) a un mejor ser (ser y estar):*
«Viento saltado.»

VIENTO SALTADO

¡Oh violencia de revelación en el viento
Profundo y amigo!
¡El día plenario profundamente se agolpa
Sin resquicios!

5 ¡Y oigo una voz entre rumores de espesuras,
Oigo una voz,
Que de repente desligada pide
Más, más creación!

¡Esa blancura de nieve salvada
10 Que es fresno,
La ligereza de un goce cantado,
Un avance en el viento!

¡En el viento, por entre el viento
Saltar, saltar,
15 Porque sí, porque sí, porque
Zas!

¡Por el salto a un segundo
De cumbre,
Que la Tierra sostiene sobre irrupciones
20 De fustes!

¡Arrancar, ascender... y un nivel
De equilibrio,
Que en apariciones de flor apunta y suspende
Su ímpetu!

25 ¡Por el salto a una cumbre!
¡Mis pies
Sienten la Tierra en una ráfaga
De redondez!

¡En el viento, por entre el viento
30   Saltar, saltar,
     Porque sí, porque sí, porque
     Zas!

     ¡Sobre el sol regalado, sobre el día
     Ligero
35   Dominar, resbalar con abril
     Al son de su juego!

     ¡Sin alas, en vilo, más allá de todos
     Los fines,
     Libre, leve, raudo,
40   Libre!

     ¡Cuerpo en el viento y con cuerpo la gloria!
     ¡Soy
     Del viento, soy a través de la tarde más viento,
     Soy más que yo!

Los elementos principales con los cuales se construye el poema son: el fresno, el yo del poeta y el viento. El primero y el segundo están en un mismo plano de significación respecto al viento porque ambos sienten el efecto de más ser, más vida, que el viento con su energía y violencia trae consigo. En «Hacia el nombre» hubo también una brisa que participó al fin del poema como fuerza en el henchimiento (verbo apropiado para el efecto del viento) del ser de la flor. El fresno hinche su ser con la fuerza y la energía del viento que mueve, remueve, y agita las ramas y sus hojas. El yo del poeta sentirá el mismo efecto; se verá elevado a la cumbre o la cima del ser en que asimila la perfección y la redondez del planeta. Esa «ráfaga de redondez» (versos 27-28) en los pies del ser alude a la redondez del mundo y a la forma del viento que viene en ráfaga arremolinada, como un vórtice, lleno de energía y vitalidad. Al fin declara el poeta el efecto total cuando dice: «¡Soy más que yo!» y

se crea así un nuevo yo hecho del yo pasado (previo a la
llegada del viento) más el yo del viento que, personificado,
vino como un profundo amigo (verso 2). El verso final «¡Soy
más que yo!» es así la culminación formal y temática del
poema que define el efecto del viento y la idea a través de
él desarrollada. La partícula «más» de «más que yo» (verso
44) y de «más, más creación» (verso 8) es importante tanto
en este poema como en *Cántico* en general porque con aquélla se expresa la insaciabilidad esencial de ser y de ser más,
sentida por el poeta. «Creemos», dice Biedma, hablando de
la forma del «más» en *Cántico*, «haber llegado a la cumbre,
a la plenitud del ser, y detrás todavía hay otra, y luego otra.
Esa ciega carrera de la sangre, ese sí del pulso que la tierra sin cesar nos arrebata, expresan la desazón permanente
que es constitutiva al ser» [12].

Las once estrofas del poema se agrupan en tres partes:
la primera está constituida por la primera estrofa en que se
define la función metafórica del viento pertinente, como introducción, a las partes restantes. La segunda contiene las
cinco estrofas siguientes dedicadas al viento y al fresno, y
las cinco restantes, de la tercera parte, al viento y al yo
(ser) del poeta. Con esta disposición estructural del poema
quedan reafirmadas la omnipresencia del viento y la susodicha igualdad metafórica del fresno y del ser. En sus partes respectivas —segunda y tercera— hay una estrofa que
se repite y plásticamente concretiza la violenta presencia
del viento que culmina en el «zas» final.

> ¡En el viento, por entre el viento
> Saltar, saltar,
> Porque sí, porque sí, porque
> Zas!

----

[12] Jaime Gil de Biedma, pág. 47.

El salto de aquél, que es el salto del ser a un más alto ser a un «más que yo», se reproduce con el ritmo proveniente de las repeticiones. El «porque sí» expresa también la gran suerte del ser del poeta que, porque sí, por el viento, por el azar, es levantado a un mejor ser. El ser por el mero hecho de vivir, de vivir en relación con las cosas, puede tener esta suerte, este «porque sí», como el viento, para su enriquecimiento vital, para su ascensión a un mejor yo. Esta gracia inmerecida y carnal de ser más con las cosas es uno de los aspectos característicos de la visión del mundo de Guillén. En «Abril de fresno» se dice:

> Una a una las hojas, recortándose nuevas,
> Descubren a lo largo del abril de sus ramas
> Delicia en creación. ¡Oh fresno, tú me elevas
> Hacia la suma realidad, tú la proclamas!

El «porque sí» tiene también que ver con la afirmación vital del sí del ser muy parecida al «Más tenaz: sí, sí, sí, / La palabra del mar» de «Más allá».

4. *Paso del ser y estar al estar únicamente:* «La rendición al sueño.»

El ser se va hundiendo más y más (con sus sienes, sus hombros, sus brazos y en fin todo su cuerpo) hacia sus propias raíces que se definen en el sueño y que son su íntimo retiro y no necesariamente su pérdida (versos 51-52). El hundimiento produce la pérdida del ser en cuanto ente que deja de sentir y tener conciencia de sí aunque su estar permanece; pues está, aquí, con las otras cosas confundido, confundido hasta imposibilitar la distinción entre sus brazos y los del sillón en el que se acomoda (verso 12). Con el hundimiento del ser —metafóricamente expresado por la atestada y pesada cabeza que se va hundiendo en el pecho— se define lo informe (verso 31). Se ha de indicar también que el hundimiento del ser coincide primero con el paralelo hundimiento del día y la llegada de la noche, y segundo, con las dunas que se derraman (verso 17).

5. *Paso de la nada al ser y la vuelta a la nada:* «Los nombres.»

«Los nombres», poema ya transcrito y estudiado en el segundo capítulo desde un punto de vista diferente del presente, evidencia el caso de una estructura dinámica en que los tres pasos se hallan definidos: nada, ser y nada. La primera y la última estrofa introducen y sacan respectivamente al ser del mundo. La belleza del poema, y claro su valor, está sobre todo en la personificación del horizonte que produce la identificación del yo con el horizonte en el albor y en el ocaso. Se ha de estudiar con más detalle este punto en la sección de la personificación.

Recapitulando el estudio del dinamismo metafórico en *Cántico*, se puede decir que aquél es una de las características fundamentales de la estructura poética del libro; pues de ella se vale su autor para expresar vívida y concretamente la clave de su visión filosófico-poética del ser. Esto es, del ser en su evolución de la nada al ser; del ser y estar al estar; y de la nada al ser que a su vez volverá a la nada. Es decir que el dinamismo es un elemento de expresión en sí, y, por otra parte, un medio que estructura el poema.

PERSONIFICACIÓN METAFÓRICA

Se dejó establecido ya, en el primer capítulo, que la metáfora lo que hacía fundamentalmente era concretizar una
abstracción y así permitir su asimilación de modo simul-
táneo a través de la inteligencia y de los sentidos. Esta acla-
ración sirve para comentar la interpretación de Debicki
quien, en la explicación del fenómeno de la personificación
en la poesía de Guillén —sobre todo en *Cántico*—, habla
usando la terminología de Wimsatt, de la «universalidad
concreta» [13]. Debicki dice que encuentra como «muy original» de Guillén dos puntos: primero, las sensaciones concretas que llevan al lector a valores absolutos o abstractos
y segundo, la asimilación de tal fusión, sensorial e intelectualmente [14]. Las objeciones que han de hacerse a estas afir-
maciones son dos:

1) Los dos puntos aducidos por Debicki son propios de
toda estructura metafórica y no exclusivos ni «muy originales» de Guillén. ¿Qué hace el poeta al manipular una
metáfora? Básicamente, concretar una abstracción absoluta
o universal, una intuición que para ser válida artísticamente necesita de una forma. Esa concreción universal producirá en el lector inevitablemente efectos sensoriales e inte-
lectuales.

2) La personificación (un medio metafórico de concretar lo abstracto) en cada poeta y, aún más, en cada poema
ha de cumplir funciones específicas como las determinadas
al hablar de este aspecto en Salinas y en cada poema utili-

---

[13] Andrew P. Debicki, *Estudios sobre poesía española contemporánea: La generación de 1924-1925*, Madrid, Gredos, 1968, págs. 111-134.
[14] Debicki, págs. 113-116.

zado como ejemplo. Establecidos estos puntos, vale explicar
la función de la personificación metafórica en *Cántico* y,
específicamente, en «Los nombres», explicación que no ha
sido desarrollada por Debicki. Esa personificación concretiza lo universal (como toda metáfora) y sobre todo expresa
la identificación substancial del yo del poeta con el yo de
las cosas con quienes aquél comulga. Así, entonces, la personificación, un medio de concreción de lo universal, ha servido en específico para expresar la visión personal del autor:
su identificación con las cosas y, en este caso del poema
«Los nombres», con el horizonte que levantando sus pestañas contempla y a la vez entrega la creación del mundo en
el nuevo día. Otra función que se nota en la personificación,
y que está en íntima relación con la anterior, es la exaltación de la realidad, máxima aspiración de *Cántico*. Esta exaltación es el resultado del amor poético a la realidad. José
Manuel Blecua ha dicho al respecto: «Por amar tanto la
realidad, todo en *Cántico* tiende a una vivificación; todo se
personifica y adquiere virtudes humanas» [15]. La animación
en general en esta poesía responde entonces a los propósitos
específicos de Guillén: la identificación y exaltación amorosa de las cosas, de ese «más allá» del cual depende el poeta.
Ya se vio cómo, en «Las máquinas», los émbolos, por ser la
expresión del ansia del poeta por afirmar más su ser, fue-
ron animados y transformados en entes que obstinados, con
el latido violento de animal, buscaban afirmar y exaltar su
ser. En «Relieves» se le siente a Guillén entregarse y poseer
los relieves que «uno a uno» saltan, resaltan y ascienden

---

[15] Jorge Guillén, *Cántico*, edición José Manuel Blecua, Barcelona,
Labor, 1970, pág. 51. La misma idea apareció en 1949 en José Manuel
Blecua, «En torno a *Cántico*», en *La poesía de Jorge Guillén*, por Ricardo Gullón y José Manuel Blecua, Zaragoza, Estudios Literarios,
1949, págs. 287-288.

definiéndose como realidades concretísimas en la vastedad
de la llanura. La necesidad de expresar mejor la definición
de aquellas realidades como realidades concretas, como
masas, con volumen y claro perfil, le lleva al poeta a vivi-
ficarlas.

PLURALIDAD METAFÓRICA

Como se ha visto ya en los dos poetas anteriores, la pluralidad metafórica responde a una necesidad de construcción formal y expresión temática. O sea en este estudio se
ha de ir en busca de una funcionalidad poética; cómo las
varias metáforas, individual y conjuntamente consideradas,
son la concreción de una intuición y la estructura misma
dentro de la cual aquélla se realiza. En esta parte se ha
de responder a las siguientes preguntas: ¿Por qué se usa
la heterogeneidad metafórica? ¿Por qué se ha utilizado en
particular tal o cual metáfora? ¿Cuál es su alcance? Muchos
son los poemas en *Cántico* con tal estructura imaginativa y,
de entre ellos, se han escogido «Las doce en el reloj» y «Perfección».

LAS DOCE EN EL RELOJ

> Dije: Todo ya pleno.
> Un álamo vibró.
> Las hojas plateadas
> Sonaron con amor.
> 5   Los verdes eran grises,
> El amor era sol.
> Entonces, mediodía,
> Un pájaro sumió
> Su cantar en el viento
> 10   Con tal adoración

Que se sintió cantada
Bajo el viento la flor
Crecida entre las mieses,
Más altas. Era yo,
15   Centro en aquel instante
De tanto alrededor,
Quien lo veía todo
Completo para un dios.
Dije: Todo, completo.
20   ¡Las doce en el reloj!

En los veinte versos del poema aparecen ocho metáforas: el álamo, el sol, el pájaro, el viento, la flor, las mieses, las doce en el reloj y dios. La metáfora de las doce en el reloj concretiza la misma idea común expresada por el sol en el mediodía, el álamo que vibra, el pájaro que canta, la flor crecida entre las mieses y la presencia central de un dios que siente y contempla la perfección universal en el momento cumbre y cenital, cuando el yo del poeta, a la vez, asume el privilegio de ser el centro del mundo. Los dos punteros del reloj, que a las doce se funden en uno solo, encuentran su equivalente en la verticalidad del álamo que a esa hora vibra transmitiendo su encanto y emoción a sus hojas que le responderán sonando con amor (versos 2-4). Encuentra su equivalente, esta metáfora del álamo, en el ruiseñor que canta (como el álamo vibró) transmitiendo, también, su canto amoroso, por el viento, a la flor que se halla en medio de las mieses como el poeta, el centro de las cosas circundantes. La hora doce se halla, a su vez, en la cima y el centro de la esfera del reloj como el sol en la del mundo. Aquel dios que está en el centro del mundo contemplando una realidad completa a la que no le falta nada, es una referencia al mito bíblico de Dios que contempla la creación cuando ya está «completa» y «plena» (versos 1-20).

El encadenamiento de las metáforas es, aquí, la representación técnica de la transmisión del amor y el pasmo sentido frente a la hora de la máxima perfección y unidad del mundo. Este poema recuerda muchísimo a «Soy el destino» de Aleixandre en el que el poeta se siente el centro del mundo, centro al que convergen los radios del círculo. Dice Guillén en «Más allá» (parte III, versos 9-12) con la misma visión de lo central del ser al que todo converge:

> Hacia mi compañía
> La habitación converge.
> ¡Qué de objetos! Nombrados,
> Se allanan a la mente.

Con «Las doce en el reloj» se puede también insistir en la idea ya establecida sobre la palabra que dice y sugiere. Aquí «álamo», si bien significa álamo, por el contexto poético sugiere la posición vertical de las doce en el reloj que en último término materializa la idea de la perfección. Lo mismo se puede decir de «las doce», «el sol», «dios», «el pájaro» y «la flor» que significan lo que dicen, y sugieren lo que el contexto demanda, que, en última instancia, es lo que prima en toda interpretación. Hay ciertos aspectos menores pero significativos que conviene explicar. En el verso 14 hay una transmisión de significado gracias al encabalgamiento que le permitió al poeta, dividiéndolo en dos hemistiquios, decir: «más altas. Era yo». La altura que pertenece a las mieses parece trascender (si se quiere, visualmente) al yo del poeta que está en el centro del universo, desde donde, como el sol, puede contemplar todo el orbe. Nótese que, por su ubicación, el yo fonética y conceptualmente se clava, vertical, como un álamo en el poema: «Era yo». Los versos primero y penúltimo se recargan de palabras, afines al tema, como «todo», «pleno» y «completo». «Todo» se repite tres veces, «completo», dos y «pleno» aparece una.

Un poema muy afín al estudiado es el ya transcrito «Perfección». Las metáforas que apuntan hacia el mismo plano irreal de la perfección universal, al mediodía, son el sol (el mediodía), la cúpula y la rosa. Todas ellas visualmente transmiten por su circularidad o forma esférica la susodicha perfección. Su relación metafórica, como en «Las doce en el reloj», concretiza la transmisión del pasmo que sienten a esa hora todos los elementos de la creación: «Todo es cúpula», la rosa está sujeta y conectada al sol, «el pie caminante siente / la integridad del planeta».

Las conclusiones a las que se puede llegar del análisis de estos poemas desde el punto de vista de la pluralidad metafórica, y que pueden ser válidas para la mayoría de los poemas de *Cántico*, con tal estructura, son sumariamente las siguientes:

1) Crea el poeta una trabazón entre los seres y las cosas del universo. Cada uno de ellos es una realidad concreta que transmite al resto su luz, su definición de ser y estar aquí y ahora; «ahora», por ejemplo en el cenit, «aquí», en el centro del mundo. Todos son centro de todo; pero sobre todo el poeta que, no por presuntuosidad sino por humildad, quiere afirmar y reafirmar este privilegio, este don inmerecido: «Mi centro es este punto», dejó dicho en «Más allá» (parte VI, verso 34). Al ser todo centro de todo, la relación o trabazón entre los seres y cosas ha de ser absoluta y eficaz para la armonía y el equilibrio universal:

> Enigmas son y aquí
> Viven para mi ayuda,
> Amables a través
> De cuanto me circunda

Sin cesar con la móvil
Trabazón de unos vínculos
Que a cada instante acaban
De cerrar su equilibrio.

                    («Más allá», parte III, versos 13-16.)

La trabazón de una heterogénea pluralidad metafórica, tanto en los dos poemas estudiados como en aquellos que en *Cántico* tienen tal estructura, es la trabazón esencial de los seres y las cosas del mundo que proviene del sentido universal de dependencia: «Depende de las cosas» («Más allá», parte VI, verso 3). Este sentido de dependencia, originador de la explicada trabazón, crea en el universo y en el poema el equilibrio o la armonía esencial. Sintéticamente, la trabazón metafórica del poema es la trabazón de las cosas del mundo que es la dependencia artística (expresiva) de las metáforas en el poema. Esta dependencia no contradice la individualidad de sus componentes. La trabazón y la dependencia de los seres del mundo y de las metáforas del poema produce la armonía o equilibrio, la armonía o equilibrio estructural del poema que es la armonía de los elementos del mundo poético de Guillén.

2) Si la heterogénea pluralidad metafórica es la heterogénea pluralidad de las cosas del mundo, todo ha de ser para este poeta medio de expresión y valor absoluto de su tema; es decir cada cosa será al mismo tiempo una maravilla concreta con la cual aquél se identifica y un gran medio expresivo, en última instancia, de sí mismo.

3) Como resultado de lo dicho en la conclusión número dos, se ha de afirmar que en esta poesía no se rechaza nada; un émbolo ha de ser tan esencialmente significativo y poético como una rosa; un reloj, como el mismo sol, y, en fin, un radiador, como un ruiseñor. Aquí no hay discriminación contra objetos vulgares como en la lírica tradicional; en

Guillén, y en sus compañeros estudiados, todo es válido poéticamente. No hay lenguaje poético especial que limite.

EL ENCABALGAMIENTO

En el análisis de «Las doce en el reloj» se vio cómo el encabalgamiento produjo el contagio del significado «alto» al yo del poeta y cómo además ese «Era yo», solo en el hemistiquio, daba la sensación de la verticalidad del yo definida en el poema. Es posible encontrar otros efectos más con esta vieja forma estilística que Guillén, mejor que los otros dos poetas, revitaliza con gran ventaja expresiva. Los veinte versos de «Tornasol» contienen una sola frase.

TORNASOL

Tras de las persianas
Verdes, el verdor
De aquella enramada
Toda tornasol
5 Multiplica en pintas,
Rubias del vaivén
De lumbre del día,
Una vaga red

Varia que, al trasluz
10 Trémulo de estío,
Hacia el sol azul
Ondea los visos
Informes de un mar
Con ansia de lago
15 Quieto, claridad
En un solo plano,

Donde esté presente
—Como un firme sí

          Que responda siempre
    20 Total— el confín.

En éste el color tornasol —por su naturaleza cambiante—
representa la indefinición contrapuesta a la «claridad / en un
solo plano» (versos 15-16) que, ansiada por el poeta, corresponde a la definición categórica y firme del «sí», respuesta
«siempre total» (versos 18-20). ¿Con qué fin encaja Guillén en
una sola cláusula todo el poema? ¿O viceversa? Para insinuar
así la vaguedad y falta de claridad del tornasol del título.
Los únicos elementos ortográficos que controlan el equilibrio de la oración son las comas que a su vez encierran
cláusulas secundarias que dificultan, alargando la frase, la
conexión de sus partes. Dicho en otros términos, esa naturaleza cambiante del tornasol se expresa y refuerza con el
dinamismo ininterrumpido de la oración. A su vez, la deseada quietud del lago (versos 14-15), equivalente imaginativo
de la definición ansiada del color, se refuerza con el efecto
contrario de la cláusula en la que no existe esa calma o descanso sino, al contrario, un incesante ondear. Se dirá entonces que el encabalgamiento que impide la quietud en la
oración es en sí una metáfora que expresa esa falta de
quietud que rechaza el poeta por no corresponder al cate-
górico «sí» del color de un «solo plano». O sea la estructura encabalgada agitando el ritmo del poema se contrapone
a la quietud del tema y concuerda con el título. Es similar
a este caso el efecto que logra Aleixandre con la estructura
de «Íntegra» de *Ambito*. C. B. Morris, refiriéndose al título
del poema, afirma que aquél «es agradablemente irónico si
se nota que una gran parte del poema está constituida por
borbotones intermitentes de sonido y una sintaxis fragmen
tada» [16]. Aunque en el poema de Guillén no haya ironía algu

---

[16] C. B. Morris, pág. 55. La traducción es mía.

na, el caso es sin duda parecido. Vale resumir entonces
que en el poema estudiado la estructura continuada coincide
con el título pero no con la quietud que, como se dijo,
queda por lo mismo resaltada.

SUPERPOSICIÓN METAFÓRICA

Hablar de superposición o metaforización metafórica en
Guillén es establecer otra prueba, y ésta sí definitiva, de la
palabra poética que dice y sugiere y que no sólo dice y sugiere sino que aún alude a algo alejándose más y más de
aquel algo, que es la intuición significada originalmente. Es
decir anticipando ya los comentarios del poema siguiente, el
plano real del primer nivel figurativo pasará a ser el plano
irreal del segundo, y el plano real de éste, a su vez, el plano
irreal del tercero que ha introducido, para expresarlo, un
nuevo plano real. Así, el lector ha de llegar al significado
principal y originalmente aludido pasando por tres niveles
de transformación poética. «Copa de vino» de «El pájaro en la
mano» es uno de los muchísimos ejemplos de esta práctica.

COPA DE VINO

Ten, y a conciencia procura
Demorarte en la fragancia
De cuanto aquí se te escancia
Poco a poco: si ventura,
Calidad. ¡Jamás la oscura
Languidez hostil al día
De Dios! El cielo se alía
Con quien puede ser su amigo.
Tal gracia trae consigo
Tanta quintaesencia pía.

La estructura del poema, lograda a través de la superposición, presenta tres niveles. El significado o la intuición básica que busca concretarse es el ser. Esta intuición queda expresada a través de la metáfora de la luz del día, expresión que conforma el primer nivel imaginativo. Luego el poeta, creando el segundo nivel, introduce un nuevo plano real, el vino, para expresar la luz que a su vez, en el primer nivel, representó el ser. Por fin, en el tercero, se introduce un nuevo plano real, «quintaesencia pía», para expresar el vino; por éste, la luz, y, por ésta, el ser. La rígida y compacta superposición alcanzada produce mayor efecto expresivo si se considera la brevedad del poema: diez octosílabos. Cada nivel metafórico constituye un nuevo mundo interpretativo que enriquece la totalidad del poema en artificio y en profundidad temática.

1) Primer nivel: luz y ser. Ya se sabe que en la poesía de Guillén el nuevo día le trae el ser al «bulto» del hombre que se halla en las tinieblas de la nada. La luz es entonces el ser, dado por el sol que equivale a Dios. Esta fue, como se recordará, la forma simbólica presentada en los poemas «Sábado de Gloria» y «Despertar» y que en «Copa de vino» constituye tan sólo su primer nivel.

2) Segundo nivel: vino y luz. La luz (el ser) dada por el sol es aquí el vino que Dios «escancia / poco a poco» para que el hombre bebiéndolo adquiera el ser. El verbo «Ten» inicial crea la idea de algo que sirve para que el hombre beba el vino; es la alusión a la copa, repetida fonéticamente luego con el «poco a poco» (resultante del juego de «copa»).

3) Tercer nivel: «quintaesencia pía» y vino. En este nivel el plano religioso del poema culmina. Ese vino es una substancia o esencia sagrada otorgada por Dios al hombre. El ser, como esta «quintaesencia», es una substancia misterio-

sa, sagrada y pía que podría ser la sangre de Cristo dada al hombre en su «copa» o cáliz. El paralelo metafórico se halla en el sol y la luz que entrega al hombre.

REVITALIZACIÓN METAFÓRICA

Esta práctica poética es común en los tres poetas aquí estudiados; parte de su efecto es el mismo, sorprender al lector con novedosas construcciones renovadoras de otras viejas y muertas por el excesivo uso. En «Anillo» se encuentran los tópicos de la vida vista como un río y de la rueda de la fortuna:

> Tanto presente, de verdad, no pasa.
> Feliz el río, que pasando queda.
> ¡Oh tiempo afortunado! Ved su casa.
> Este amor es fortuna ya sin rueda.
>
> (Parte V, versos 25-28.)

No es novedad decir que el tiempo es un río que corre, pero decir que es un río que «pasando queda» sí lo es; así el tiempo, con el amor, queda redimido de sí mismo y por tanto eternizado. (Recuérdese que lo eterno del amor y, con él, de la vida, es el tema del poema, como se explicó en la parte de lo geométrico.) La otra forma, la de la rueda de la fortuna, queda revivida con nuevo poder expresivo al convertirse el amor en fortuna que sin rueda no puede cambiarse en infortunio o desamor. Ambas metáforas renovadas apuntan hacia la misma intuición del amor feliz en el presente eterno. ¿Se ha conseguido con este proceso solamente sorprender al lector? No. Si bien la sorpresa es notoria e importante, la revitalización se encauza hacia una mayor y justa expresividad poética.

Pero este poeta presenta casos no sólo de este tipo de revitalización sino de otros tópicos mayores en general. Así se tiene, por ejemplo, que el de la muerte y el lamento humano frente a ella pasan con Guillén a ser una novedad que, desde luego, es otro resultado más de la visión total del autor frente al ser y la vida. El poema que aquí se utiliza para probar este aspecto es «Muerte a lo lejos».

Muerte a lo lejos

> *Je soutenais l'éclat de la*
> *mort toute pure*
>
> Valéry

Alguna vez me angustia una certeza,
Y ante mí se estremece mi futuro.
Acechándolo está de pronto un muro
Del arrabal final en que tropieza

5   La luz del campo. ¿Mas habrá tristeza
Si la desnuda el sol? No, no hay apuro
Todavía. Lo urgente es el maduro
Fruto. La mano ya lo descorteza.

...Y un día entre los días el más triste
10 Será. Tenderse deberá la mano
Sin afán. Y acatando el inminente

Poder diré sin lágrimas: embiste,
Justa fatalidad. El muro cano
Va a imponerme su ley, no su accidente.

El poeta construye el poema con tres metáforas: el «muro del arrabal» que es el «muro cano», blanco, del cementerio; la luz del campo que como la vida ha de tropezar en aquél; y el maduro fruto que cae también como la vida. Guillén con absoluta serenidad ve la muerte como algo natural y cierto que no necesita ser lamentado porque ella es otra manifestación más, aunque final, del ser. Caerá la vida, como caerá el fruto maduro de un árbol, respondiendo a una «ley», la del ser mismo, y no a un «accidente». En las ediciones de este poema anteriores a 1945, el verso 12 decía:

> Poder, diré con lágrimas: embiste,

Así presentado el verso la novedad desaparece, pues el tradicional lamento está en él; pero en la última edición, el verso, y con él el poema, se cambió radicalmente al introducir su autor acertadamente: «sin lágrimas». Así no sólo se echó fuera de la serenidad del poema el lamento, sino que se definió la unidad y la compacta coherencia del mismo. «Con lágrimas» habría contradicho la «tristeza» rechazada en el verso 5. Esta misma serenidad y tranquilidad del fruto maduro que ha de caer del árbol, se encuentra en la muerte de la hoja del «Árbol de otoño». Las dos primeras partes son éstas:

> Ya madura
> La hoja para su tranquila caída justa,

> Cae. Cae.
> Dentro del cielo, verdor perenne, del estanque.

Como en el caso de los dos poetas anteriores, también Guillén acude a las reconstrucciones de frases sintácticas comunes como por ejemplo «tropel de gente», «bandada de palomas» y «cuesta abajo». Si bien el efecto más notorio de este procedimiento es la sorpresa en el lector y con ella llamar más su atención, la mayor expresividad es definitiva. En «Más allá» se dice:

> ¡Al azar de las suertes
> Únicas de un tropel
> Surgir entre los siglos,
> Alzarse con el ser.
>
> (Parte I, versos 45-48.)

El tropel ayuda a definir la idea del azar, del «porque sí» que le trae al hombre el ser. Éste surge de entre la multitud de siglos por la simple casualidad, por el azar de las suertes. Ese tropel realza pues al máximo la idea de lo inesperado y casual que es la esencia de la estrofa.

La primera estrofa de «Alborada» es la siguiente:

> Un claror, sonoro ya,
> Se dispara
> Levantando los albores
> En bandadas.

Aquí las bandadas de albores quedan perfectamente integradas al resto de la estrofa. El sol, al despuntar, es para el poeta un disparo sonoro y luminoso (gran sinestesia) que va a levantar en bandadas los albores que, luego en las estrofas subsiguientes, despertarán al bulto del ser que duerme.

La forma sintáctica común, «cuesta abajo», se transforma con Guillén, como en el caso de los poetas anteriores y específicamente de Salinas, en «primavera abajo» o «sueño abajo»; por ejemplo, el último poema de la tercera parte de «El pájaro en la mano» se llama «Sueño abajo» para expresar así el hundimiento del ser con el sueño «en la nada más clemente» que equivale al «arraigarse en el ser y ser ¡Ser, Ser!». O sea que con la transformación del sintagma el poeta logra poner más peso en el hundimiento del ser en el sueño y, por él, en la nada.

CONSIDERACIONES FINALES

1) La estructura formal de *Cántico*, concebida como un «bloque» coherente y compacto, es la expresión del bloque temático del ser, eje alrededor del cual giran otros temas o bloques menores que responden en última instancia al bloque mayor que los inspira y con el cual se unen. Así, pues, conceptos como el amor y la muerte, tópicos tradicionales, al estar inspirados por la idea y preocupación fundamental del ser, adquieren marcado valor y novedad en sí.

2) La congruencia absoluta entre estos dos aspectos, el formal y el temático —que equivalen a lo que Dámaso Alonso llama el «freno e impulso en la poesía» de Guillén [17]—, es sentida en todas sus manifestaciones. Se ha de notar tal congruencia: *a*) en la congruencia entre la «claridad» de la forma artística y la «claridad» del contenido que es la claridad del ser, de las cosas que se definen en su cuerpo o masa nítida; *b*) en las varias etapas de realización del ser y de las cosas (de la nada hacia el ser y la vuelta a la nada) que encuentran su equivalente formal en la estructura dinámica de los poemas respectivos, y *c*) en la manipulación de metáforas que, como las geométricas o mecánicas, son en sí el medio de expresión y la idea misma por expresarse.

3) En *Cántico* el ser siente ser y estar, aquí y ahora (armonía del ser en espacio y tiempo), por la realidad del «más allá» de las cosas que le inventan y le circundan. Esta situación del ser definido por la realidad del mundo crea el sentido universal de dependencia no sólo entre el ser y las cosas y viceversa sino también entre todas ellas. La esencial dependencia crea la trabazón y ésta, a su vez, la armonía

---

[17] Dámaso Alonso, pág. 201, nota 1.

o equilibrio del planeta. Estos tres conceptos hallan su representación artística en la dependencia, trabazón y armonía del mundo metafórico, explicados en el estudio de la pluralidad imaginativa.

4) En *Cántico* el objeto tiene un doble valor: expresivo y transcendente. Halla Guillén en cada cosa cotidiana un medio de expresión poética y una realidad esencial con la cual, por su dependencia, se identifica. Así, si Guillén se encuentra con un émbolo, objeto aparentemente antipoético o sin ningún potencial poético, hará de él un valor absoluto con el que ha de identificarse y a su vez un medio especial de expresión, en última instancia, del émbolo en sí. Si el objeto tiene esta doble calidad, la fusión entre forma y fondo será absoluta, idea esta que lógicamente se conecta con la expuesta en la primera de estas consideraciones.

5) Este mundo poético que inclusive contiene una línea lógica, elemento generalmente considerado como antipoético, hace admirar de nuevo esa armonía o equilibrio dominante en esta poesía; poesía y lógica que en definitiva es la intuición y forma que plasma una distinta realidad, la realidad artística de *Cántico*.

VI

VISIÓN DE CONJUNTO

El camino seguido para entrar en el mundo poético de Salinas, Aleixandre y Guillén ha sido el de la forma, es decir, el de la metáfora, el medio más propicio y efectivo para la justa expresión de un tema y la estructuración de una realidad única, la realidad artística del poema. La visión de conjunto que aquí se emprende y sigue al análisis individual de cada poeta, que es lo esencial, se constituye de consideraciones deducidas de las relaciones entre los tres poetas que ofrecen semejanzas y diferencias tanto en la expresión artística como en su específica visión del mundo.

I

Salinas, Aleixandre y Guillén tienen una actitud común frente a la metáfora. Para ellos ésta no es un fin en sí. El poeta, para ellos, es el ser que tiene el don especial de hablar figurativamente con el fin de alcanzar la justa y exacta expresión de la intuición respectiva. Tres consecuencias resultan de esta consideración, consecuencias que constituyen las características del arte de los tres poetas. Primero, se tiene la ausencia de todo formalismo hueco, de todo artificio sin función estrictamente poética, de todo juego lingüístico caprichoso e insubstancial. Segundo, y como resultado de lo dicho, la autenticidad prima en esta poesía. Lo auténtico de un poema no está necesariamente en la trascendencia o intrascendencia del tema desarrollado a través de la palabra, sino en la funcionalidad de ésta que se define en la necesidad que tiene el poeta de usarla para expresar su intuición con la máxima exactitud y justeza. La palabra no responde, entonces, a un capricho artificial sino a una necesidad vital que el poeta ardientemente siente en su interior por dar a luz su idea. Tercero, si hay en Salinas, Aleixandre y Guillén esta ansiedad vital por encontrar la palabra justa y exacta, es lógico que la palabra hallada, al cabo del arduo esfuerzo y sufrimiento, como dijo Salinas en la cuarta parte de su «Camino del poema», será la idea misma concretada; y de aquí que se haya afirmado que la metáfora en un buen poeta es la idea misma hecha imagen, que en definitiva equivale a la fusión o unión esencial entre forma y fondo, tan característica de esta poesía. Hechas estas observaciones es preciso substanciarlas con la revisión sintética de los varios modos de desarrollo metafórico usados en esta poesía, específicamente, en la de los seis libros capitales, objeto del análisis realizado en los respectivos capítulos.

LA UNIDAD POÉTICA

La unidad poética es un concepto que tiene que ver con la obra en general y con cada poema en particular. Se habrá notado que a través del análisis particular de un poema se llegaba, primero, a la definición de la unidad del mismo, que es un microcosmos y, segundo, a la percepción de la del macrocosmos, del libro, dentro del cual se realiza aquél, de manera integrante. Para explicar esta última unidad, la del macrocosmos —la unidad del libro—, y luego la primera, se pueden escoger dos o más poemas de los estudiados, que pertenecen al libro específico de su autor. Aleixandre, por ejemplo, con «Sierpe de amor» y «Como serpiente», ambos de *Sombra del paraíso*, apunta hacia el mismo tema del amor a través de una misma metáfora, de la serpiente que es la mujer que ama y la mujer que no ama, respectivamente. ¿Qué se siente, al respecto, con estos dos poemas? Que *Sombra del paraíso* no es una mera colección de poemas sino un cuerpo orgánico, una unidad mayor lograda a través de cada uno de ellos que reafirman y ensanchan la visión unitaria del libro al que pertenecen. En este caso, la han ensanchado enfocando el mismo tema desde dos ángulos contrarios pero complementarios. Aleixandre afirma en uno de sus *Otros apuntes para una poética*, «El poeta dice en un poema que definitivamente su amada es un ángel, y en el siguiente, que su amada es un monstruo. Pero el lector conoce el secreto de su armonía»[1]. Lo mismo se puede decir de los poemas de los tres libros amorosos de Salinas, que en definitiva constituyen un solo poema mayor, y de los de *Cántico*. Los dos últimos poetas se preocupan en definir la unidad de sus obras más aún con sus poemas introductorios construidos, muy expresivamente, con las metáforas de la edificación del bloque y de la forja de los eslabones de la cadena que son sus respectivas obras (de Guillén y de Salinas).

---

[1] Vicente Aleixandre, *Obras Completas*, Madrid, Aguilar, 1966, página 1.578.

La segunda unidad propuesta, la del poema en sí, que es un microcosmos, un mundo válido en sí y en relación con el resto, se puede apreciar en cualquiera de los analizados. Tómense por ejemplo «¡Sí, todo con exceso» de *La voz a ti debida*, «Soy el destino» de *La destrucción o el amor* y «Perfección del círculo» de *Cántico*. ¿Cómo se aprecia en estos poemas su unidad artística? Hallando en el plano real metafórico la idea desarrollada en el poema. Equivale a decir que la metáfora es la idea o intuición misma, en otros términos, que el plano real contiene en su naturaleza el plano irreal metafórico. En el primer poema, Salinas usa la metáfora del número para expresar el amor y su característica fundamental, su infinitud. El amante quiere amarla hasta el absoluto. Paradójicamente, el poeta expresa aquel infinito ilimitado con el plano real del número que es lo contrario, lo que limita. La paradójica ecuación fundamental del poema de la limitación, plano real o número, y la ilimitación, plano irreal o amor infinito, son los componentes precisamente de la metáfora en sí, del número, que como tal —exactitud limitante e infinitud ilimitada— encarna la ecuación temática del poema en general. De «Soy el destino» de Aleixandre se puede usar, para el caso que se quiere probar, tan sólo un aspecto de los ya discutidos; éste tiene que ver con la estructura metafórica. Uno de los temas del poema es la variedad vital y elemental del universo. Este plano irreal —llámese así para comprender mejor— está en la naturaleza misma del plano real, la estructura poética, constituida por la gran variedad y elementalidad de sus componentes, escarabajo, león, caballo o pájaro; todos estos varios seres —como metáforas— conforman el contexto poético que es la representación del contexto cósmico. Es decir el plano irreal desarrollado en el poema se halla en el plano real mismo que lo expresa. En «Perfección del círculo» de

Guillén, el tema es la búsqueda de la perfecta exactitud, o limitación, que el poeta quiere dar a lo misterioso. ¿Cómo expresa este plano irreal el poeta? Usando precisamente un plano real que tiene en su esencia la limitación exacta del misterio, usando el círculo. La limitación está constituida por el cerco, que ciñe la masa del misterio, contenida dentro de la forma geométrica. Este tipo de unidad especial, que consiste en que el plano real metafórico encierra en su esencia misma el plano irreal, por expresarse en el poema, hace pensar en la existencia de un alto grado de exactitud formal, de justeza expresiva y de aguda intuición poética en cada uno de los tres autores.

«LENGUAJE DE POEMA»

Este título pertenece al estudio general escrito por Jorge Guillén sobre su generación poética. Se utiliza aquí para revisar específicamente el lenguaje de los tres miembros. Guillén ha dicho: «La poesía no requiere ningún especial lenguaje poético. Ninguna palabra está de antemano excluida; cualquier giro puede configurar la frase. Todo depende, en resumen, del contexto. Sólo importa la situación de cada componente dentro del conjunto, y este valor funcional es el decisivo. La palabra 'rosa' no es más poética que la palabra 'política'. Por supuesto, 'rosa' huele mejor que 'política': simple diferencia de calidades reales para el olfato»[2]. Muy frecuentemente, se han de encontrar en esta poesía palabras tenidas tradicionalmente como poéticas (sirenas, donceles) y palabras que aparentemente carecen de

---

[2] Jorge Guillén, *Lenguaje y poesía: Algunos casos españoles*, Madrid, Alianza Editorial, 1969, pág. 195.

potencial artístico (tren, termómetro, radiador o émbolo). Común a los tres poetas, esta práctica le sirve a cada uno para lograr efectos especiales y originales. Primero se ha de analizar lo común y, luego, lo específico a cada poeta.

a) En Salinas, Aleixandre y Guillén hay una tendencia bien marcada a no discriminar ninguna palabra para el acto de la creación poética. El poeta *a priori* no rechaza el potencial expresivo de ningún término. La selección viene en el acto mismo de la creación. En la lírica tradicional había ciertas palabras que no podían, por una especie de decoro poético, entrar en el poema; jamás se habría tolerado escribir un poema trascendente al vientre o al sexo. Aleixandre dice: «Un vocablo no es poético de por sí. No hay palabras 'no poéticas' y palabras 'poéticas' (aunque algunas sean tan bellas). Es su imantación necesaria lo que decide su cualificación en el acto de la creación fiel. Las palabras no son feas o bonitas en la poesía»[3]. El efecto común logrado con la falta de discriminación verbal es la sorpresa producida en el lector al encontrar en el poema palabras que él no se había jamás imaginado que pudieran servir para expresar una intuición. La sorpresa es un efecto común pero no el principal; hay otro que, siendo también común a estos poetas, prevalece y es la *justa expresividad* ya mencionada. La inclusión de un termómetro o de un émbolo en un poema no es un capricho sino una necesidad vital de expresión hondamente sentida por su creador. Se ha de añadir además que el uso de aquellos términos es la manifestación del sentido de libertad poética, libertad en cuanto la creación artística no tiene por qué seguir ningún canon o patrón lingüístico. De seguirlo, no habría una auténtica creación sino imitación. Se ha de recordar que este sentido de liber-

---

[3] Aleixandre, *Obras*, págs. 1.581-1.582.

tad se hizo también ostensible cuando estos poetas desde-
ñaron el formalismo implícito en toda posible definición de
poesía.

b) Los efectos específicos son los siguientes. Salinas, en
el mismo poema, yuxtapone términos como doncel y termómetro, o sirena y tren. Específicamente lo que con tal yuxtaposición hace, es disminuir el afectado valor tradicional
de *doncel* con la elevación de *termómetro* a un nuevo plano
poético. Ambas imágenes se han poetizado, simultáneamente,
por la pérdida de afectación de la tradicional (sirena o doncel) y por la ganancia expresiva de la nueva y moderna (tren
o termómetro). La una se ha remozado con el nacimiento
poético de la otra. En Guillén se da el mismo tipo de elaboración con resultados parecidos pero movido por otros
motivos. Cuando Guillén se apropia de objetos como máquinas, émbolos, anillos, copas de vino o sillones para construir sus poemas, lo hace no sólo porque en ellos encuentra
el medio justo de expresión, sino porque esos mismos objetos constituyen la realidad de la cual su ser depende; lo
cual lleva, nuevamente, a la intrínseca unión de forma y
fondo, pues la metáfora es la idea misma intuida y concretada. Guillén entonces no puede discriminar los objetos en
su poesía, no sólo porque una necesidad técnica lo impide,
sino también porque su propia visión del mundo y del ser
lo demanda. A estas interpretaciones de la palabra en Salinas y Guillén debe añadirse la estética de lo geométrico y
lo mecánico con cuyas terminologías, aparentemente sin
cualidades poéticas, logran aquéllos los mismos efectos ya
anotados. En Aleixandre la práctica, aunque distinta y poco
frecuente, también existe. Así, se han de encontrar poemas
sobre el escarabajo, el vientre, el sexo, realidades que le
llevan al poeta a la expresión de temas trascendentales in-
compatibles aparentemente con el respectivo y contrastan-

te punto de partida. Si para los tres poetas no hay palabras
«no poéticas» y «poéticas», es claro que no habrá un especial
cial lenguaje poético, precisamente porque la creación poética
tica libre y la visión particular de su mundo lo impiden. Si
no hay un especial lenguaje poético, ¿qué hay? Como dice
Guillén, hay un «lenguaje de poema: palabras situadas en
un conjunto» [4], en un contexto especial y único que, ahora
sí, las diferenciará de las del habla coloquial u ordinaria.
Las consideraciones hechas coinciden con lo que dijo Aleixandre:
xandre: «Un vocablo no es poético de por sí». Quien lo poetiza
es el poeta a través del contexto único del respectivo poema.

MODOS DE DESARROLLO METAFÓRICO

Los varios modos de desarrollo imaginativo, tales como
la revitalización, la metaforización, la singularidad, la pluralidad
ralidad o el dinamismo metafóricos, son comunes a todos
estos poetas. Su función principal, también común, consiste
por una parte en alcanzar la más exacta y justa expresividad
dad de la intuición y por otra en servir de elemento estructurador
turador del poema. Es decir, estos varios modos técnicos
son en sí metáforas que representan una abstracción respectiva,
pectiva, la del poema en general. Ya se explicó, por ejemplo,
plo, cómo la pluralidad en Aleixandre y en Guillén era en
sí la idea misma que se elaboraba en el poema: la variedad
elemental y vital del mundo en un caso y la variedad de
las cosas de la realidad que circundaban al ser y de las
cuales éste dependía, en el otro. Lo mismo se puede decir
del dinamismo metafórico que alcanza un grado máximo de
expresividad en Salinas y en Guillén; en el uno, con ese

---

[4] Guillén, *Lenguaje*, pág. 195.

dinamismo se representa vívida y concretamente la aventura del poeta hacia el absoluto y, en el otro, las varias etapas de la realización del ser y de las cosas (de la nada hacia el ser y su vuelta a la nada). La sorpresa en el lector es otro efecto común resultante de estos varios modos de desarrollo metafórico y, sobre todo, de la revitalización que consiste en la habilidad técnica del poeta para inyectar vitalidad o fuerza expresiva a un cliché o metáfora que, por su excesivo uso y abuso, se ha muerto y fosilizado, convirtiéndose en otro elemento más del lenguaje ordinario. Se incluye en este modo de desarrollo imaginativo la reconstrucción de expresiones sintácticas comunes. La sorpresa del lector en el primer caso (revitalización) proviene de su encuentro con dos significados, el viejo y el nuevo, en la misma metáfora y, en el segundo (reconstrucción de sintagmas), de su encuentro imprevisto con una expresión por él conocida que ha sido desmembrada y completada con un nuevo elemento radicalmente diferente del usual. Para probar este punto se escogieron a propósito expresiones como «cuesta abajo», que en los tres poetas apareció cambiada: en Salinas con «mejillas abajo»; en Aleixandre también con «mejilla abajo»; y en Guillén, por fin, con «Sueño abajo». Además de los efectos anotados resultantes de estos modos de desarrollo metafórico, hay otros efectos —la ambigüedad por ejemplo— que provienen, sobre todo, de la metaforización metafórica. En ésta los tres poetas sobre un nivel metafórico superponen otros. El resultado de este procedimiento es una compleja, pero paradójicamente clarísima, estructura, constituida por varios niveles de expresión que refuerzan y ensanchan el original significado que es el tema general del poema. De los tres ejemplos usados —«¿Las oyes cómo piden realidades» de Salinas, «Corazón en suspenso» de Aleixandre y «Copa de vino» de Guillén— es indiscutible que el primero, en donde hay una más rica ambigüedad (que es por otra parte necesaria y expresiva), es el más complejo y grandioso artísticamente. Se ha de volver a insistir en que los tres poetas utilizan esta forma con el fin de lograr una justa y exacta expresión y no con el propósito de sólo alejarse más y más de la realidad a través de las varias y sucesivas transformaciones poéticas como lo hizo con gran éxito Góngora. Los efectos individuales de todos los modos estudiados y revisados dependen no sólo de la naturaleza de la temática visión total del poeta, sino también de la intuición estricta del poema en el cual aquellos modos han sido utilizados.

II

Los temas capitales de las seis obras centrales sobre las cuales han girado los estudios de los capítulos anteriores son sobre todo el ser, el mundo y el amor. Si bien éstos son los asuntos que sobresalen, hay otros que, integrados con y enfocados desde aquéllos, han sido conjuntamente desarrollados; tales son, sobre todo, el tiempo y la muerte.

EL SER

El ser es el tema común a los tres poetas, desde luego, con sus originales variaciones. Guillén lo desarrolla al máximo en *Cántico*. El ser es y está, aquí y ahora, en virtud de las cosas que ya estuvieron antes ofreciéndosele. El ser del poeta se cree y siente el centro de la gran maravilla de las cosas que le inventan y le circundan. Recuérdese, al respecto, el sentido de «Las doce en el reloj». Aleixandre cree en la misma realidad del ser como el centro de la creación, centro al que convergen todos los seres en plena unidad de vida. Tal es el sentido de «Soy el destino» y específicamente de su estrofa octava. La diferencia esencial entre el uno y el otro está en que mientras en Guillén el ser es y está definido en y por las cosas, *sin confundirse* con ellas, en Aleixandre aquél es el mundo, *confundido en y con él*. Tal carácter especial de fundición es el aspecto capital que diferencia también la concepción amorosa entre este poeta y Salinas, como se verá oportunamente. Volviendo a la relación con Guillén, se tiene, entonces, que la realidad de las cosas le sirve para afirmar su ser, mientras que para Aleixandre el ser elementalizado como el león, el escarabajo, el tigre o la hormiga, se confunde en la unidad del cosmos. Para el uno el mundo afirma el ser; para el otro, el ser afirma el mundo, siendo el mundo mismo. En ambos contextos poéticos, el de Guillén y el de Aleixandre, la dependencia y la trabazón entre el ser y las cosas y los demás seres forjan el equilibrio universal, fin hacia el cual ambos aspiran. El ser de Guillén que busca constantemente ser más ser, o llegar a un mejor yo, como en «Viento saltado», puede relacionarse con la aspiración básica de Salinas que es alcanzar el absoluto, concretado en la búsqueda que hace el amante del mejor tú de la amada. Véase «Sí, por detrás de las gentes» de *La voz a ti debida*.

EL AMOR

El amor es el tema de los libros principales, aquí estudiados, de Salinas y Aleixandre. Hablar de amor en estos poetas es, paradójicamente, hablar de la muerte. Para Salinas, la muerte, en el amor, es la salvación de los amantes de sus limitaciones espaciales y temporales y un medio, así, para llegar al amor infinito y paradisíaco («Suicidio hacia arriba» y «Sí, por detrás de las gentes»). También el amor es muerte o destrucción («Amor, amor catástrofe») porque con él logran los amantes, tú y yo, destruir el mundo espacial y temporal y crear, a su vez, el otro nuevo y paradisíaco del amor absoluto. Para Aleixandre el amor o la muerte (*La destrucción o el amor*) son lo mismo, en cuanto que con aquél se destruyen los límites susodichos. Pero la gran diferencia entre el mundo amoroso de Salinas y el mundo amoroso de Aleixandre está en que en el de Salinas el tú y el yo de los amantes son en sí siempre dos realidades: tú y yo, jamás nosotros; y en el de Aleixandre los amantes, en cambio, se funden, o mejor él se funde en ella, forjando la unidad del mundo («Unidad en ella»). O sea mientras para Salinas el amor afirma la realidad de los amantes, para Aleixandre aquél define la fusión y unidad esencial de los mismos. Aquí no hay tú y yo; aquí sólo existe nosotros. Hay otros puntos de contacto entre estas dos poesías amorosas. El amante en ambas, antes de ser amado, es una sombra, sombra que llegará a ser luz (vida) sólo con la luz del amor de ella. El proemio de *La voz a ti debida* y «Sierpe de amor» de *Sombra del paraíso* desarrollan esta idea común. En *Cántico* el amor está tratado como un tema importantísimo pero relacionado y justificado por la visión general del libro, es decir, por la visión del ser y de las cosas. La amada —como se vio en «Anillo»— es la realidad de realidades; amarla, entregarse y unirse con ella es poseer la suprema realidad que, como tal, afirma al ser del poeta y, aún más, le asciende a un mejor yo. Relacionando la amada de Guillén y la de Aleixandre con el mundo, se tiene que la amada de aquél *es como* la naturaleza, mientras que la amada de éste *es* el mundo. En el primero el paisaje es una especie

de fondo con el cual se expresa el amor, la pureza y el frenesí de los amantes, mientras que en Aleixandre la amada y
el mundo son una misma esencia.

Resumiendo: en los tres poetas el amor es un medio. En
el caso de Salinas, el amor define las realidades del tú y el
yo. Antes de amarse, ambos, a su manera, eran sombras:
ella porque siendo sólo amor necesitaba amando ser amante y amada, y él porque sólo al ser amado saldrá de su nada
de sombra a ser ser; ser es ser amante y amado, en ambos
casos. Equivale este desarrollo amoroso a la afirmación del
tú y del yo. En Aleixandre por el amor se llega a la unidad
del mundo. Él tiene que morir en la rugiente lava de la
sangre de la amada para, en ella y con ella, llegar a ser el
mundo («Unidad en ella»). Para Guillén el amor es un medio
en el sentido de que con él (que equivale al cuerpo de la
amada), que es la suprema realidad, el ser ha de afirmar su
ser y aún más ha de ascender a un mejor yo, la constante
aspiración y ansiedad vital de Guillén.

EL TIEMPO

Para los tres poetas este concepto que es limitación en
sí, queda superado a través de la poesía y del amor. En Guillén tal superación se realiza en dos poemas importantes:
«Vida extrema» y «Anillo». En éstos la tarde en virtud de
la poesía y del amor se convierte en un presente eterno. Para
Salinas el tiempo, que es una obsesión vital, queda también
vencido a través de la poesía y el amor, tal como se explicó
en las cuatro partes de «Camino del poema» y en «Amor,
amor catástrofe» de *La voz a ti debida*, o en «De entre todas las cosas verticales» de *Largo lamento*. Para Aleixandre
el tiempo queda eternizado o vencido, del mismo modo, con

la poesía en «El poeta» y con el amor en «Unidad en ella».
Los tres autores tienen una misma actitud frente al tiempo.
Lo ven como una realidad negativa que queda superada a
través de los mismos conceptos, poesía y amor. En Guillén
sin embargo, es preciso indicar que el tiempo no es necesariamente un horroroso enemigo porque lleve al ser a la
muerte; su actitud frente a éste es más bien serena, serenidad que le ha de valer también para enfrentarse al tema
de la muerte.

LA MUERTE

Se puede muy bien imaginar —por lo dicho hasta aquí
sobre los varios temas— cuál ha de ser la actitud de estos
poetas frente a la muerte. Ésta está vista desde la visión
principal correspondiente a cada autor. La muerte en la
poesía amorosa de Salinas nunca es un concepto negativo.
La muerte en ésta no es muerte. Así se tiene que, como en
el caso de la muerte de los dos amantes de «Suicidio hacia
arriba» la muerte es creación, en el caso de la muerte de
uno de ellos —de él por ejemplo— ésta no es tal sino vida;
y, aún más, vida de mayor significación porque el amante
muerto continúa viviendo su vida en la amante sobrevivien-
te. Esta es la idea del poema «Qué alegría, vivir» de *La voz
a ti debida*. En Aleixandre, quedó explicada la muerte con
la explicación que se hizo del amor; la fusión entre los dos
conceptos es esencial. La muerte, desde el punto de vista
del ser, es, en *Cántico*, otra expresión más, aunque sea la
última, de la vida. No hay necesidad de lamentar la muerte;
ésta responde a una ley del ser y no a un accidente. La vida
ha de caer como, en su madurez feliz, el fruto.

ÍNDICE DE POEMAS ESTUDIADOS

PEDRO SALINAS

(CONF) *Confianza.*
(FAB) *Fábula y signo.*
(LAR) *Largo lamento.*
(PRE) *Presagios.*
(RAZ) *Razón de amor.*
(SEG) *Seguro azar.*
(TODO) *Todo más claro.*
(VOZ) *La voz a ti debida.*

VICENTE ALEIXANDRE

(AMB) *Ambito.*

(DES) *La destrucción o el amor.*

(DOM) *En un vasto dominio.*

(ESP) *Espadas como labios.*

(HIS) *Historia del corazón.*

(MUN) *Mundo a solas.*

(NAC) *Nacimiento último.*

(SOM) *Sombra del paraíso.*

JORGE GUILLÉN

(CAN) *Cántico.*
(CLA) *Clamor.*
(HOM) *Homenaje.*

ÍNDICE GENERAL

BIBLIOTECA ROMÁNICA HISPÁNICA

Dirigida por: DÁMASO ALONSO

I. TRATADOS Y MONOGRAFÍAS

1. Walther von Wartburg: *La fragmentación lingüística de la Romania*. Segunda edición aumentada. 208 págs. 17 mapas.
2. René Wellek y Austin Warren: *Teoría literaria*. Con un prólogo de Dámaso Alonso. Cuarta edición. Reimpresión. 432 págs.
3. Wolfgang Kayser: *Interpretación y análisis de la obra literaria*. Cuarta edición revisada. Reimpresión. 594 págs.
4. E. Allison Peers: *Historia del movimiento romántico español*. Segunda edición. Reimpresión. 2 vols.
5. Amado Alonso: *De la pronunciación medieval a la moderna en español*. 2 vols.
6. Helmut Hatzfeld: *Bibliografía crítica de la nueva estilística aplicada a las literaturas románicas*. Segunda edición, en prensa.
9. René Wellek: *Historia de la crítica moderna (1750-1950)*. 3 vols. Volumen IV, en prensa.
10. Kurt Baldinger: *La formación de los dominios lingüísticos en la Península Ibérica*. Segunda edición corregida y muy aumentada. 496 págs. 23 mapas.
11. S. Griswold Morley y Courtney Bruerton: *Cronología de las comedias de Lope de Vega*. 694 págs.
12. Antonio Martí: *La preceptiva retórica española en el Siglo de Oro*. Premio Nacional de Literatura. 346 págs.
13. Vítor Manuel de Aguiar e Silva: *Teoría de la literatura*. 550 págs.
14. Hans Hörmann: *Psicología del lenguaje*. 496 págs.

II. ESTUDIOS Y ENSAYOS

1. Dámaso Alonso: *Poesía española (Ensayo de métodos y límites estilísticos)*. Quinta edición. Reimpresión. 672 págs. 2 láminas.
2. Amado Alonso: *Estudios lingüísticos (Temas españoles)*. Tercera edición. Reimpresión. 286 págs.
3. Dámaso Alonso y Carlos Bousoño: *Seis calas en la expresión literaria española (Prosa - Poesía - Teatro)*. Cuarta edición. 446 págs.
4. Vicente García de Diego: *Lecciones de lingüística española (Conferencias pronunciadas en el Ateneo de Madrid)*. Tercera edición. Reimpresión. 234 págs.

161. Julio García Morejón: *Unamuno y Portugal*. Con un prólogo de Dámaso Alonso. Segunda edición corregida y aumentada. 58(páginas.

162. Geoffrey Ribbans: *Niebla y soledad (Aspectos de Unamuno y Machado)*. 332 págs.

163. Kenneth R. Scholberg: *Sátira e invectiva en la España medieval* 376 págs.

164. Alexander A. Parker: *Los pícaros en la literatura (La novela picaresca en España y Europa. 1599-1753)*. 220 págs. 11 láminas

165. Eva Marja Rudat: *Las ideas estéticas de Esteban de Arteaga (Orígenes, significado y actualidad)*. 340 págs.

166. Ángel San Miguel: *Sentido y estructura del «Guzmán de Alfarache» de Mateo Alemán*. Con un prólogo de Franz Rauhut. 31. páginas.

167. Francisco Marcos Marín: *Poesía narrativa árabe y épica hispá nica*. 388 págs.

168. Juan Cano Ballesta: *La poesía española entre pureza y revolu ción (1930-1936)*. 284 págs.

169. Joan Corominas: *Tópica hespérica (Estudios sobre los antiguo; dialectos, el substrato y la toponimia romances)*. 2 vols.

170. Andrés Amorós: *La novela intelectual de Ramón Pérez de Aya la*. 500 págs.

171. Alberto Porqueras Mayo: *Temas y formas de la literatura espa ñola*. 196 págs.

172. Benito Brancaforte: *Benedetto Croce y su crítica de la literatur española*. 152 págs.

173. Carlos Martín: *América en Rubén Darío (Aproximación al con cepto de la literatura hispanoamericana)*. 276 págs.

174. José Manuel García de la Torre: *Análisis temático de «El Rued Ibérico»*. 362 págs.

175. Julio Rodríguez-Puértolas: *De la Edad Media a la edad conflictiv (Estudios de literatura española)*. 406 págs.

176. Francisco López Estrada: *Poética para un poeta (Las «Carta literarias a una mujer» de Bécquer)*. 246 págs.

177. Louis Hjelmslev: *Ensayos lingüísticos*. 362 págs.

178. Dámaso Alonso: *En torno a Lope (Marino, Cervantes, Benavente Góngora, los Cardenios)*. 212 págs.

179. Walter Pabst: *La novela corta en la teoría y en la creación litera ria (Notas para la historia de su antinomia en las literatura románicas)*. 510 págs.

180. Antonio Rumeu de Armas: *Alfonso de Ulloa, introductor de l cultura española en Italia*. 192 págs.

181. Pedro R. León: *Algunas observaciones sobre Pedro de Cieza d León y la Crónica del Perú*. 278 págs.

182. Gemma Roberts: *Temas existenciales en la novela española de postguerra*. 286 págs.

183. Gustav Siebenmann: *Los estilos poéticos en España desde 1900*. 582 págs.

184. Armando Durán: *Estructura y técnica de la novela sentimental y caballeresca*. 182 págs.

185. Werner Beinhauer: *El humorismo en el español hablado (Improvisadas creaciones espontáneas)*. Con un prólogo de Rafael Lapesa. 270 págs.

186. Michael P. Predmore: *La poesía hermética de Juan Ramón Jiménez (El «Diario» como centro de su mundo poético)*. 234 págs.

187. Albert Manent: *Tres escritores catalanes: Carner, Riba, Pla*. 338 páginas.

188. Nicolás A. S. Bratosevich: *El estilo de Horacio Quiroga en sus cuentos*. 204 págs.

189. Ignacio Soldevila Durante: *La obra narrativa de Max Aub (1929-1969)*. 472 págs.

190. Leo Pollmann: *Sartre y Camus (Literatura de la existencia)*. 286 páginas.

191. María del Carmen Bobes Naves: *La semiótica como teoría lingüística*. 238 págs.

192. Emilio Carilla: *La creación del «Martín Fierro»*. 308 págs.

193. Eugenio Coseriu: *Sincronía, diacronía e historia (El problema del cambio lingüístico)*. Segunda edición, revisada y corregida. 290 págs.

194. Óscar Tacca: *Las voces de la novela*. 206 págs.

195. J. L. Fortea: *La obra de Andrés Carranque de Ríos*. 240 págs.

196. Emilio Náñez Fernández: *El diminutivo (Historia y funciones en el español clásico y moderno)*. 458 págs.

197. Andrew P. Debicki: *La poesía de Jorge Guillén*. 362 págs.

198. Ricardo Doménech: *El teatro de Buero Vallejo (Una meditación española)*. 372 págs.

199. Francisco Márquez Villanueva: *Fuentes literarias cervantinas*. 374 págs.

200. Emilio Orozco Díaz: *Lope y Góngora frente a frente*. 410 págs. 8 láminas.

201. Charles Muller: *Estadística lingüística*. 416 págs.

202. Josse de Kock: *Introducción a la lingüística automática en las lenguas románicas*. 246 págs.

203. Juan Bautista Avalle-Arce: *Temas hispánicos medievales (Literatura e historia)*. 390 págs.

204. Andrés R. Quintián: *Cultura y literatura españolas en Rubén Darío*. 302 págs.

205. E. Caracciolo Trejo: *La poesía de Vicente Huidobro y la vanguardia*. 140 págs.

III. MANUALES

32. Manuel Mantero: *Los derechos del hombre en la poesía hispánica contemporánea*. 536 págs.

VII. CAMPO ABIERTO

1. Alonso Zamora Vicente: *Lope de Vega (Su vida y su obra)*. Segunda edición. 288 págs.
2. Enrique Moreno Báez: *Nosotros y nuestros clásicos*. Segunda edición corregida. 180 págs.
3. Dámaso Alonso: *Cuatro poetas españoles (Garcilaso - Góngora Maragall - Antonio Machado)*. 190 págs.
6. Dámaso Alonso: *Del Siglo de Oro a este siglo de siglas (Notas y artículos a través de 350 años de letras españolas)*. Segunda edición. 294 págs. 3 láminas.
8. Segundo Serrano Poncela: *Formas de vida hispánica (Garcilaso-Quevedo - Godoy y los ilustrados)*. 166 págs.
9. Francisco Ayala: *Realidad y ensueño*. 156 págs.
10. Mariano Baquero Goyanes: *Perspectivismo y contraste (De Cadalso a Pérez de Ayala)*. 246 págs.
11. Luis Alberto Sánchez: *Escritores representativos de América*. Primera serie. Tercera edición. 3 vols.
12. Ricardo Gullón: *Direcciones del modernismo*. Segunda edición aumentada. 274 págs.
13. Luis Alberto Sánchez: *Escritores representativos de América*. Segunda serie. Reimpresión. 3 vols.
14. Dámaso Alonso: *De los siglos oscuros al de Oro (Notas y artículos a través de 700 años de letras españolas)*. Segunda edición. Reimpresión. 294 págs.
16. Ramón J. Sender: *Valle-Inclán y la dificultad de la tragedia*. 150 páginas.
17. Guillermo de Torre: *La difícil universalidad española*. 314 págs.
18. Ángel del Río: *Estudios sobre literatura contemporánea española*. Reimpresión. 324 págs.
19. Gonzalo Sobejano: *Forma literaria y sensibilidad social (Mateo Alemán, Galdós, Clarín, el 98 y Valle-Inclán)*. 250 págs.
20. Arturo Serrano Plaja: *Realismo «mágico» en Cervantes («Don Quijote» visto desde «Tom Sawyer» y «El Idiota»)*. 240 págs.
21. Guillermo Díaz-Plaja: *Soliloquio y coloquio (Notas sobre lírica y teatro)*. 214 págs.
22. Guillermo de Torre: *Del 98 al Barroco*. 452 págs.
23. Ricardo Gullón: *La invención del 98 y otros ensayos*. 200 págs.
24. Francisco Ynduráin: *Clásicos modernos (Estudios de crítica literaria)*. 224 págs.
25. Eileen Connolly: *Leopoldo Panero: La poesía de la esperanza*. Con un prólogo de José Antonio Maravall. 236 págs.

OBRAS DE OTRAS COLECCIONES

Juan Luis Alborg: *Historia de la literatura española.*
Tomo I: *Edad Media y Renacimiento.* 2.ª edición. Reimpresión. 1.082 págs.
Tomo II: *Época Barroca.* 2.ª edición. 996 págs.
Tomo III: *El siglo XVIII.* 980 págs.

Homenaje Universitario a Dámaso Alonso. Reunido por los estudiantes de Filología Románica. 358 págs.

Homenaje a Casalduero. 510 págs.

Homenaje a Antonio Tovar. 470 págs.

Studia Hispanica in Honorem R. Lapesa. Vol. I: 622 págs. Vol. II: 634 págs. Vol. III: En prensa.

José Luis Martín: *Crítica estilística.* 410 págs.

Vicente García de Diego: *Gramática histórica española.* 3.ª edición revisada y aumentada con un índice completo de palabras. 624 págs.

Graciela Illanes: *La novelística de Carmen Laforet.* 202 págs.

François Meyer: *La ontología de Miguel de Unamuno.* 196 páginas.

Beatrice Petriz Ramos: *Introducción crítico-biográfica a José María Salaverría (1873-1940).* 356 págs.

Los «Lucidarios» españoles. Estudio y edición de Richard P. Kinkade. 346 págs.

Vittore Bocchetta: *Horacio en Villegas y en Fray Luis de León.* 182 páginas.

Elsie Alvarado de Ricord: *La obra poética de Dámaso Alonso.* Prólogo de Ricardo J. Alfaro. 180 págs.

José Ramón Cortina: *El arte dramático de Antonio Buero Vallejo.* 130 págs.

Mireya Jaimes-Freyre: *Modernismo y 98 a través de Ricardo Jaimes Freyre.* 208 páginas.

Emilio Sosa López: *La novela y el hombre.* 142 págs.

Gloria Guardia de Alfaro: *Estudios sobre el pensamiento poético de Pablo Antonio Cuadra.* 260 págs.

Ruth Wold: *El Diario de México, primer cotidiano de Nueva España.* 294 págs.

Marina Mayoral: *Poesía española contemporánea. Análisis de textos.* 254 págs.

Gonzague Truc: *Historia de la literatura católica contemporánea (de lengua francesa).* 430 págs.

Wilhelm Grenzmann: *Problemas y figuras de la literatura contemporánea.* 388 págs.

Antonio Medrano: *Lingüística inglesa.* 408 págs.

Veikko Väänänen: *Introducción al latín vulgar.* 414 págs.